인생에 한 번은 나를 위해 철학할 것

매 순간
죽도록 애쓰는
당신을 위해

인생에 한 번은
나를 위해

철학할 것

허유선 지음

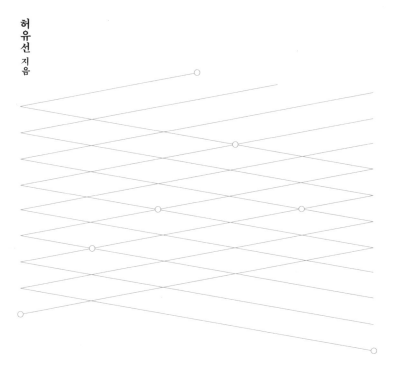

더퀘스트

살다 보면 어쩔 수 없이 마음의 소용돌이가 생긴다. 뭐가 뭔지 혼란스럽고 마음이 도무지 경쾌하지 않고, 내가 나 자신에 만족하고 좋아하기가 유독 어려울 때, 불안해서 무엇을 어떻게 해야 할지 모르겠을 때, 해왔던 방식이 통하지 않는 어려움 앞에 놓인 것 같을 때. 그럴 때 많은 사람들이 이렇게 조언한다. 너만 그런 게 아니야, 다들 그래.

그래, 그렇다. 사람은 누구나 외롭고, 살면서 상처를 아예 안 받을 수도 없다. 누구나 한 번쯤은 좌절하게 되는 순간을 만나고, 앞이 보이지 않아 막막한 시간을 보내기도 한다. 사실은 나도 잘 알고 있는 이야기. 그러나 누구나 그렇다고 해서 나의 어려움 또한 '다 그런 거지' 하며 쉽게 스쳐 지나갈 수 있는 것은 아니다. '누구나 그렇다'고 말할 때 사람들은 3인칭의 자리에서 말하지만, 나의 이야기를 할 때 나는 오직 나만 아는 자리에 서 있기 때문이다.

그래도 누구나 그렇다는 말은 두 가지 교훈을 안고 있다. 하나, 지금 내가 겪는 문제가 정말 유독 나만 겪는 문제라고 생각하면 더 힘들어질 수 있다는 것. 둘, 이 문제는 누구라도 쉽고 재빠르게 혹은 깨끗하게 해결하기 어렵다는 것. 그런 교훈을 모르는 바는 아니기에, 나 역시 그 '누구나 그렇다는'에 기대어 마음을 달래고 나를 도닥여보려 한다. 그러나 때로는 그 말 자체가 내 고민의 말문을 막는다. '그래, 내가 힘내야지, 내가 잘해야지' 하고 끝나고 마는 것이다. 좀 더 생각을 자유롭게 펼쳐볼 수 있다면 좋으련만.

학교에서 철학수업을 들으며 좋았던 것 중 하나는 오늘날까지 이름을 남기는 대단한 철학자들이 그런 종류의 고민을 아주 진지하게 다루었다는 사실이었다. 나도 뭐가 뭔지 잘 모르겠고, 명확하게 선택할 수도, 시원시원하게 다음으로 나아갈 수도 없는 고민은 사실 사람들에게 말하기가 꺼려진다. 말하면 말할수록 수렁에 빠지는 기분이 들고, 해결할 수 없는 이야기로 분위기를 가라앉히는 것 같기 때문이다. 무엇보다 이런 고민을 계속 안고 있는 채로 넘어가지 못하는 나 자신이 잘못된 것 같은 기분이 든다. 나만 잘 하면 되는데, 내가 부족해서 계속 이런 이야기를 하게 되는 것은 아닐까? 왜 말할수록 더 답답하지, 내가 엄살 부리는 걸까? 그러나 철학에서는 바로 그런 물음이 '해답을 찾아나가야 하는 주제'이고, '인간이라면 누구나 던질 수밖에 없는 물음'이라는 점을 인정한다.

고민을 한다는 것은 말하자면 인생에 질문이 있다는 뜻이고,

그 질문이 계속 나를 붙들고 생각하기를 요청한다는 신호다. 누구에게나 처음인 인생을 어떻게 질문 없이 넘어갈 수 있겠는가. 처음 듣는 수업에, 처음 만나는 사람에게 질문이 없다면 그것이 더 이상할 것이다. 대신 그 질문을 풀어나가는 데에는 더 적절한 방식이 있을 수 있다.

그렇다면 어떻게 해야 나의 질문을 적절한 방식으로 풀어나갈 수 있고, 나의 고민에 접근하는 나 자신의 생각을 잘 돌아볼 수 있을까? 질문에 접근하는 관점, 내가 당연하다고 믿는 상식, 질문을 나누고 다시 또 묶는 방식, 그리고 질문이 그 너머로 향하고 있는 곳까지, 생각할 일은 무척 많다. 어쩌면 우리는 지금보다 더 넓게 풀어헤치며 살펴보아야 하는 고민을 너무 가두어 두었던 것은 아닐까. 어쩌면 나를 더 힘들게 하는 것은 나의 고민 그 자체보다, 고민을 대하는 나의 태도나 나의 생각은 아닐까.

누구나 그렇다는 인생의 물음을 누구보다 진지하게 마주한 철학자들의 이야기와 생각, 그리고 그 생각을 이끈 방식과 흐름이 내 인생의 고민을 위한 하나의 실마리가 될 수 있다. 때로는 엉뚱하고 때로는 근엄한 그들의 생각 방식이 우리 고민을 자유롭게 풀어볼 기회, 자유롭게 생각해도 될 기회를 열어주기를 희망한다. 그들의 생각을 발판 삼아 나 자신의 마음속으로 깊이 잠수하여 내 안에서 유영할 수 있는 틈을 찾기를. 나를 위해 숨을 고르고, 깊이 숨 쉬는 시간이기를.

차례
—

들어가는 말

감사의 말

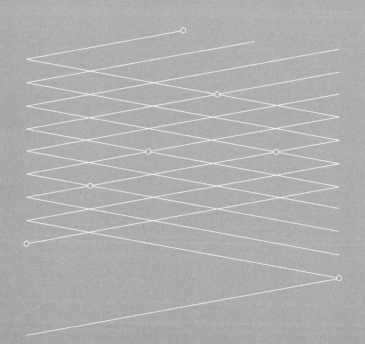

세상 속에서 나를 잃어가는 기분,
어떻게 해야 할까요?

I

나만 외로움을 극복하지 못하는 걸까요?

with 에리히 프롬

#외로움 #실존적고독 #외로움도극복이되나요 #에리히프롬 #연결감
#나를지우지않는활동 #긴장을풀고 #반려감정

꽤 오래전 이야기인데요. 친한 친구 중에 심심하다는 말을 입에 달고 사는 친구가 있었어요. 처음에는 심심하다는 그 말에 공감을 잘 못했어요. 그때 저는 고민할 것이 너무 많아서 그 고민에 치이느라 심심할 틈이 없었거든요. 그래서 어느 날 물어봤지요. "왜 그렇게 자주 심심해해?" 그 친구의 대답이 아직도 이따금 떠오릅니다. "내가 심심하다고 하는 건 외롭다는 뜻이야." 그때 저는 뒷통수를 한 대 맞은 것 같았습니다. '아, 나도 외로운데.' 친구의 외로움과 저의 외로움이 같은 것이었을까요? 그건 모르겠지만, 심심할 새가 없어도 외로운 것은 마찬가지였습니다.

사람은 누구나 외롭고, 때로는 함께 있을 때 더욱 외로워진다고도 합니다. 이 외로움은 그저 묵묵히 견뎌내야만 하는 것일까요? 아니면 이렇게나 외로워하는 내가 문제인 걸까요?

왜 외로운가요? 내 인생은 오직 나의 것이어서

외로움의 가장 놀라운 점은 '침투력'입니다. 언제, 어디서, 누구와 무엇을 하든, 어떤 상태이든 외로울 수 있거든요. 우리는 여러 친구들에게 둘러싸여 생일파티를 하고 있을 때도, 사람을 만날 틈조차 없이 일에 치이며 살 때도 외로움을 느낄 수 있습니다. 너무 바빠서 외로울 정신도 없는 듯하지만, 문득 정신을 차려보면 그 바쁜 와중에도 밀려오는 깊은 헛헛함이 있습니다.

흔히 '인간은 누구나 외로우니 별달리 이상하게 여기지 말고 받아들이라'고 하지요. 저명한 철학자들에게도 인간은 본래 외로울 수밖에 없는 운명을 타고난 존재입니다.

저서 『사랑의 기술The Art of Loving』로 유명한 20세기 철학자 에리히 프롬Erich Fromm은 외로움이 우리 삶의 필수 요소라고 말합니다. 태어난 이상 외로움은 떼려야 뗄 수 없이 삶에 따라붙는다는 것이죠. 어려운 말로 '실존적 고독'이라고도 하는데요. 이처럼 태어난 순간부터 사는 내내 동반되는 외로움이란 어떤 것일까요?

프롬의 이야기를 다시 풀어보자면 이런 의미입니다. 나의 인생은 오직 나만의 것이라는 뜻에서 우리는 철저히 혼자인 삶을 산다는 것이지요. 내 삶은 나만이 직접 경험할 수 있습니다. 누가 나를 대신하여 살아주고 나를 대신하여 죽어주지 않습니다. 아니, 그럴 마음이 굴뚝같아도 도저히 그럴 수 없죠. 누군가가 나를 위해 목숨을 내어놓을 수는 있어도 내가 죽을 때 나처럼 느낄 수는 없습니다. 아무리 가깝고 아무리 애정한다고 할지라도 살아가면서 나와 꼭 같은 체험을 꼭 같은 방식으로 함께 경험할 수 있는 사람은 없으니까요. 우리는 저마다 각자의 문제와 각자의 조건 속에서 살아갈 수밖에 없습니다. 그런 의미에서 우리의 인생은 처음부터 끝까지 '혼자'이고, 그러니까 외로움 곧, 혼자인 것 같다는 느낌이 당연하게 따라붙게 되는 것이죠.

외로움 증폭기, 삶의 막연함과 불안감

하지만 우리가 외로움에 허덕이는 이유가 단순히 존재론적인 이유에서만일까요? 프롬은 외로움의 또 다른 의미를 알려줍니다. 내 인생은 나만의 것이라서 외로울 뿐만 아니라, 너무 막연해서 외롭다고요. 막연해서 불안하고, 불안해서 외로워지는 것이라고요. 인생이 어떻게 될지는 아무도 모르잖아요. 오늘 잘 나가다가도 내일 당장 넘어질 수 있거든요. 그나마 우리의 인생에서 가장 확실한 것은 언젠가 반드시 찾아올 인생의 끝, 죽음입니다. 그러나 문제는 그 끝이 언제 어떤 방식으로 내게 찾아올지 확실하지 않다는 것입니다. 그러니 얼마나 막연한가요. 그렇게 생각하면 내가 지금 무엇을 갖고 있든, 무엇을 얼마나 이루었든 전혀 안정적이지 않은 게 우리네 인생이지요.

물론 여기에도 장점은 있습니다. 안정적이지 않다는 건, 우리 삶이 결정되어 있지 않은 채로, 자유롭게 열려 있다는 증거이기도 하거든요. 사실 우리 삶이 전부 결정되어 있다면 그것은 그것대로 숨 막히고, '나의 삶'을 사는 듯한 기분이 들지 않겠지요. 꽉 닫힌 이야기보다 내가 참여해서 자유롭게 만들어 갈 수 있는 이야기가 더 흥미롭고, 진짜 내 이야기 같잖아요. 내 삶이 내 것이어서 외롭다면 최소한 내 삶을 스스로 만들어갈 자유 정도는 줘야죠.

그러나 가능성이 열려 있다, 자유롭다는 말은 앞서 말한 것처럼 불확실하고 안정적이지 않다는 뜻이기도 합니다. 우리는 이 사실을 이미 잘 알고 있습니다. 삶이 우리의 의도나 계획대로만 흘러가지 않고, 설령 처음 생각한 대로 무엇인가를 성취했다고 하더라도 그 보상이 내가 생각했던 것과 무척 다를 수 있음을 우리는 이미 여러 번 겪었잖아요. 프롬은 이러한 인간 삶의 특징을 태어나면서부터 불확실과 불안정의 세계로 "쫓겨나는" 일이라고 표현합니다.

안 그래도 내 인생은 오직 나만의 것이라 혼자인 듯한 느낌이 드는 게 어쩔 수 없는데 뭐가 어떻게 될지도 몰라 막연하고 불안하기까지 하다니, 이쯤 되면 외로움은 거의 자연재해급입니다. 딱 짚어 무엇이, 언제 어떻게 되는지를 알면 미리 대비를 할 수 있지만 뭐라 딱 꼬집을 수 없는 게 불안이니, 어떤 구체적인 해결책도 내놓을 수 없거든요. 게다가 내 삶이 미리 다 정해지지 않아서, 자유가 있어서 외로운 것이라고 하니 더욱 더 할 말이 없지요. 내 삶을 다 결정해 놔!라고 요구할 수도 없잖아요.

해결책이 없다니 당황스럽지만, 그래도 이렇게 생각할 때의 장점은 내가 외로움을 느끼는 게 '자연스러운 반응'임을 인정하게 된다는 것입니다. 가끔은 나의 외로움 자체를 부정하고 억누르게 되잖아요. 괜히 내가 엄살부리는 것 같고, 이런 감정을 느끼거나 빠져 있을 때가 아닌 것 같고요. 그러나 외로움이 누구에게나 인생의 그림자처럼 반드시 따라붙는 것이라면 외로울 때는 그냥 외로워해도 괜찮겠죠. 내 감정 때문에 굳이 나를 탓하지는 말고요.

누구나 그렇다는데, 어째서 나는

그러나 누구나 그렇다기에 더욱 커지는 의문도 있습니다. 제가 많이 했던 생각이기도 하고요. 바로 '누구나 그렇다는데 왜 나만 유독 외로움을 못 견딜까? 왜 나는 누구나 그런 것, 그럴 수도 있는 것으로 '받아들이고 넘어가지' 못할까?' 하는 질문입니다.

그래서 저는 때로 자괴감, 수치심, 혹은 죄책감 같은 것도 느꼈습니다. 출구가 없어 보였어요. 누구나 겪는다는 자연스러운 일을 자연스럽게 넘기지 못하는 것은 전적으로 내 문제 아닌가? 라는 생각이 들었거든요. 내가 지나치게 나약한 것이라고 생각했고, 그래서 외로움은 둘째 치고 내가 나라는 사실부터 문제인 것 같았어요. 갑자기 문제가 엄청 커졌죠? 남들도 다 그렇다는 말이 때로는 나의 문제를 더 크게 만들기도 하더라고요. 그러니 누구한테 하소연하기도 어렵고요. 하소연을 하면 잠시나마 조금 시원한 것 같았지만, 결국 그런 내가 바뀌는 것은 아니거든요. 그래서 말을 하면 할수록 내가 나 때문에 일어난 일을 스스

로 처리하지 못하고 남에게 '징징대는' 사람인 것처럼 느껴지기
도 했습니다.

도대체 어떻게 하면 좋을까요? 다시 프롬에게 조언을 구해보
죠. 프롬은 그 '막연한 가운데 혼자인 듯한 느낌'이 외로움의 핵
심이라고 말합니다. 이 말을 힌트로 삼아 도저히 제거할 수 없
는 외로움이지만 이를 조금이라도 완화하기 위해 할 수 있는 일
을 생각해봅시다. 일단 막연한 불안이 우리의 외로움을 증폭시
키는 것이니까 인생이 덜 막연하고 더 확실하게 느껴진다면 조
금은 낫지 않을까요? 또 외로움이란 결국 혼자인 듯한 느낌이니
까, 혼자인 것처럼 느끼는 일이 적어진다면 괜찮지 않을까요?

프롬은 이 두 가지 대응을 엮어서 내가 누군가와, 어딘가와
연결되어 있다는 감각을 통해 그저 혼자만은 아니라고 느낄 수
있다면 막연함이 줄어든다고 이야기합니다. 바다에 나무 조각
하나만 떠 있으면 무척 흔들리기 쉬워서 불안정하지만, 다른 것
과 엮여서 뗏목이 되면 상대적으로 덜 흔들리잖아요. 그래서 사
람은 누구나 연결감, 소속감을 추구한다고 합니다. 연결되어 있
다는 말 자체가 하나만 있는 것이 아니라, 여럿이 '함께' 있다는
뜻이니까요.

잊어야 한다면 잊히면 좋겠어

본래 외롭기 때문일까요? 사람들은 누군가가 일부러 가르쳐

주지 않아도 연결감과 소속감을 추구합니다. 그리고 이러한 감정들을 느끼기 위해 다양한 방법을 동원합니다. 알코올, 약물, 섹스 등 자극적인 일에 빠져드는 것도 그래서이지요. 강렬한 감각에 빠지는 동안만큼은 혼자라는 느낌을 잊을 수 있으니까요. 하지만 아시다시피, 이런 활동은 강렬한 만큼 지속 시간이 짧고 건강을 해칩니다.

그래서 어떤 사람들은 업무, 종교, 온라인 커뮤니티 등 자신보다 큰 무엇인가에 소속되려 합니다. 조금 더 온건하고 지속 가능한 일을 찾는 것이죠. 프롬에게는 묻지도 따지지도 않고 유행을 따르는 것, 줄기차게 넷플릭스나 유튜브에 빠져 있는 것 또한 이같은 맥락으로 이해됩니다. 그러나 이런 방식 역시 건강을 해치는 중독적인 것이 되기 쉽고, 외로움을 단지 회피하는 방법일 뿐입니다. 그냥 잠깐 나를 잊고 지우는 일이죠. 넷플릭스 시리즈를 연달아볼 때 우리가 다른 무엇을 생각하든가요?

드라마 시리즈가 아니라 집단에 소속되려고 하는 경우에는 문제가 더 커집니다. 집단에 계속해서 머물려면 그 집단에 밉보이면 안 되잖아요. 그래서 자신의 생각이나 개성을 억누르고 집단의 의견에 찬동해야 하는 경우가 많지요. 내가 아닌 것 안에 계속 머무르려고 하다 보면 시간이 지날수록 내가 바라는 나의 모습과 외부에서 바라는 나의 모습 간의 괴리가 두드러지고, 보통 나보다 큰 집단이 나에게 맞추지는 않으니까 내가 나를 누르며 맞출 수밖에 없는 상황이 이어집니다. 잠시 나를 지우는 대가로 외로움을 잊는 것이죠.

잊어야 해서 잊힌다면 얼마나 좋겠어요. 그러나 잠시간 빠져 들거나 나를 지우는 것만으로는 외로움을 온전히 잊을 수 없습니다. 그 시간은 영원할 수 없는 데다, 때로는 바로 그 순간에 외로움이 오히려 더욱 선명하게 느껴지니까요. 그렇게 무엇인가를 하고 있어도 나는 여전히 충족된 마음을 느끼지 못합니다.

외로운 당신에게 사랑을 권합니다

프롬은 대신 좋은 연결의 방법으로 창작과 사랑을 추천합니다. 창작은 사물과의 연결 관계를 만드는 일이고, 사랑은 사람과의 연결 관계를 만드는 일입니다. 이들은 너무 자극적이지도, 일시적이지도 않고 나를 지우지도 않습니다. 오히려 나를 활성화하지요. 창작과 사랑의 공통점은 바로 '내가 나 자신의 힘을 발휘하며 연결을 만들어가는 활동'이거든요. 하지만 사랑과 창작이라니. 이런 어마어마한 일을 우리가 할 수 있을까요? 사랑과 창작은 넷플릭스를 보는 일보다 어려워 보입니다. 그러나 프롬은 나를 누르고, 외로움에 쫓기어 도망치는 일보다 마음껏 나의 힘을 발휘하면서 나로서 살아가는 일이 더욱 편안하고 할 만한 것이라고 말합니다.

프롬의 사랑은 우리가 익히 알고 있는 연인 간의 사랑만을 뜻하는 것은 아닙니다. 연결감, 소속감을 느낄 수 있다면 그 대상은 반드시 연인이 아니어도 좋고, 무엇보다 프롬은 나와 이 세계와의 연결감을 강조하기 때문입니다. 꼭 사람에 대한 문제라기보다, 내가 살아가며 이 세상 속 나라는 존재를 어떻게 느끼는지의 문제이지요. 그래서 프롬은 '사랑이란 세계에 대한 태도'라고도 이야기합니다. 앞서 창작을 말한 것처럼, 외로움을 벗어나는 길이 꼭 연애에만 있는 것은 아니라는 말이지요. 내가 세상과의 연결감을 느낄 수 있다면, 달리 말해 세상의 그 무엇이든 사랑의 태도로 대하며 연결감을 만들어낼 수 있다면 그것이 바로 사랑의 활동입니다.

그러나 지독히 외로운 지금의 나에게는 그 어떤 사랑도 가능할 것 같지 않다는 점이 문제입니다. 현재 외로움 때문에 너무 가난한 상태라면, 내 힘으로 벗어날 수 있을 것 같다는 생각이 좀처럼 들지 않습니다. 그럴 때는 사랑, 창작, 그 무엇이든 내가 나서서 '하는' 일에 엄두가 나지 않거든요. 그러나 우리는 의외로 아주 작은 일부터 시작할 수도 있습니다. 가만히 힘을 빼고 긴장을 푸는 일이요.

지금 잠시 책 뒤로 물러나서 숨을 크게 한 번 쉬어보시겠어요?

숨이 내 안으로 흘러들어오지요?

신경을 곤두세우고 읽는다고 해서 책의 내용이 흡수되지는 않습니다. 곧, 책과 내가 연결되지는 않는 것이죠. 무엇인가를 흡수하기 위해서는 내 안의 빈틈이 있어야 합니다. 외로워서 너무 괴로울 때는 얼른, 한시라도 빨리 이 순간을 넘어서고 싶고, 그래서 빨리 이 상태에서 벗어나고 싶은 마음, 외로움에 쫓기는 마음만 내 안에 가득 차버리죠. 이 외로움을 달래줄 다른 무언가를 계속 찾고 있는 중인 것 같지만 실제로는 그 외로움에만 엄청나게 집중하고 있는 상태입니다. 다른 것과 잘 연결되려면 다른 것으로 시선을 돌리고, 그것과의 연결에 나의 힘을 쏟아야 하는데 그렇지 못한 것이죠. 힘을 쓰기는 쓰는데, 다른 것과의 연결을 만드는 '활동'이 아니라 외로움에 쫓기며 도망치는 '고생' 중인 셈입니다.

긴장을 풀고, 외로움이라는 반려동물과 함께

내가 너무 힘이 들 때는 굳이 나로부터 무언가를 시작하지 않아도 좋습니다. 다만 다른 사람이, 또 다른 감정이, 세계가 당신에게 흘러들어올 수 있도록 조금만 긴장을 풀어봅시다. 연결은 그렇게도 일어납니다. 추운 겨울 버스 창 너머로 내 얼굴을 덮는 햇살을 느끼고, 매일 먹는 밥의 씹는 맛을 새삼 느끼는 것부터요. 작고 사소한 연결을 받아주는 일부터 하나씩 하나씩 시작해보는 겁니다.

잘 안된다고요? 괜찮아요, 이 방법의 장점은 까먹고 지나치거나, 하다가 망치더라도 언제든 다시 시작할 수 있다는 것입니다. 작심삼일이라 해도, 계속 작심삼일 하면 삼일이 구십일이 되는 것처럼요.

외로움은 이겨서 정복하는 것이 아니라, 나와 함께 살아가는 반려감정 같은 것입니다. 가까워졌다 멀어졌다 하면서 평생 같이 살아가는 거죠. 그러나 우리의 삶에 들어 있는 것, 함께 살아가는 것이 외로움만은 아닙니다. 삶이 본래 외로운 것이라 하여도, 삶의 모든 순간이 온통 외로움만으로 칠해져 있는 것은 아니지요. 기쁨, 놀라움, 즐거움, 애틋함, 감사함, 뒤늦게 찾아드는 깨달음에 대한 수많은 감정들… 삶이라는 캔버스에는 외로움 외에도 다양한 색깔의 감정이 이미 섞여 있습니다. 외로움의 무게에 짓눌려 문득문득 잊곤 하지만요. 다시 말해, 우리는 늘 외로움과 함께 살지만 이따금 외롭지 않은 순간도 있고, 외롭다 하여도 너무 고통스럽지 않을 수 있습니다. 오늘의 햇살, 오늘의 음악, 마침 바뀌는 신호등, 늘 밟고 지나는 횡단보도의 흰색 선… 오늘의 나와 연결된 것을 지금부터 하나씩, 잠시만 느끼는 연습을 해보면 어떨까요? 게다가 우리는 지금 연결되어 있습니다. 저는 지금 당신께 말을 걸고 있고, 당신은 우리의 고민을 함께 생각하는 일에 참여하고 있으니까요.

2

타인과 나, 비교의 중심 잡기

with 프리드리히 헤겔

#비교 #열등감 #불안 #자기평가 #자의식 #헤겔 #인정욕구
#성장보다중요한것 #비교의중심

마음이 조급하고 초조해져 잠 못 이루는 밤이 있습니다. 나만 이 자리 그대로인 것 같아서요. 처음에는 비슷하다고 생각했던 친구나 동료 등 다른 사람이 나보다 빠르고 능숙하게 잘하고 있는 것 같고요. 그저 진득하게 시간을 보내며 쌓아가는 수밖에 없다는 걸 알면서도 마음은 자꾸만 불안해집니다.

마음으로는 너무나 잘하고 싶거든요. 그런데 왜 나는 안 되지? 나는 왜 남들처럼 하지 못하지? 한밤중에 그런 생각이 들기 시작하면 이제 그 밤은 아주 멀어집니다. 뒤척이며 잠들지 못하는 시간이 이어지니까요. 그러다 나는 한없이 한없이 작아지고, 작아지다 못해 내가 아무것도 아닌 존재처럼 느껴지기도 합니다. 이러는 동안에도 다른 사람은 그사이 앞으로 더 나아가고 있을 거라는 생각에 자꾸만 가슴이 무겁고 막막해집니다. 때로는 갑자기 숨이 막히는 것처럼 두려워지기도 하고요.

비교를 관둬야 하나

비교가 만악의 근원이라는 말을 자주 본 것 같아요. 다른 사람과 비교하는 순간 고통이 시작된다고요. 올림픽에서 선수들끼리 순위다툼이 있을 때 한 선수가 다른 선수 쪽을 자꾸 돌아보면 보통은 해설자가 그러잖아요. "아, 지금 다른 선수를 신경 쓰기보다는요. 자신의 페이스에 집중해야 합니다. 다른 생각은 내려놓고! 자신만의 경기를 해야 합니다." 아무래도 다른 사람과 비교하면 내가 지금 해야 하는 일에 필요한 집중력이 분산되기도 쉽고, 괜히 더 초조해지고 불안해지니까요.

역시 비교를 때려치워야 할까요? 하지만 그게 쉬웠으면 이렇게까지 고민하지도 않겠죠. 살면서 다른 사람과 나를 비교해본 적이 없는 사람은 없을 겁니다. 우리는 어쩌면 거의 매순간이라고 해도 좋을 만큼, 항상 비교를 하며 살아갑니다. 아주 단순하게 '나한테는 연보라색보다 진보라색이 더 어울려'부터 맛집을 찾아갈 때, 직장을 고를 때, 관계를 시작할 때, 거의 그 모든 순간에 우리는 이미 어떤 잣대를 두고 다른 것을 살피는 비교를 하고 있습니다.

그러니까 비교 자체가 나쁜 일은 아닌 거죠. 설령 나와 타인을 비교하는 일이라고 하더라도요. 수영을 배우기 시작했는데, 옆 사람이 나보다 잘한단 말이죠. 나 자신에게만 집중해서 더 실력을 쌓을 수도 있지만, 그 사람을 관찰해서 그 사람의 어떤 점이 나보다 수영을 더 빠르게 잘하도록 만들어주었는지를 찾아보고 그의 장점을 내 것으로 가져오려 할 수도 있습니다. 문제는 비교 자체가 아니라 '나를 괴롭게 만드는 비교'입니다.

나를 좋아할 수가 없어서

도대체 비교의 무엇이 나를 괴롭게 할까요? 사실 누구와의 어떤 비교든 내 마음이 힘들지만 않으면 그냥 넘어갈 수 있잖아요. 괴로워지니까 문제가 되는 것이죠. 그렇게 생각하면 비교를 통해 내가 무엇을 느끼는지가 중요한 것 같습니다.

우리가 비교 때문에 힘들 때는 자기를 낮추게 될 때입니다. 저 사람보다 못하는, 저 사람보다 느리고 서투른 내가 못난 사람처럼 느껴지고, 자신감을 잃게 되는 것이지요. 그 순간에는 내가 엄청 모자라고 부족한 사람처럼 느껴지면서 나 자신을 좋아하기가 무척 어려워집니다. 그럴 때는 노력을 해도 잘 안될 것 같다는 생각이 듭니다. 내가 왜소해 보일수록 내 과제는 더욱 무겁게 느껴지죠. 결국은 그 안에 빠져 나아가지 못하는 악순환으로 이어지고요. 기왕 비교를 할 것이라면, 어차피 비교를 그만둘 수 없다면 나를 자꾸 작게 만드는 비교 말고 나를 더 잘하게 도와주는 비교를 할 수는 없을까요?

헤겔, 나는 본래 비교를 통해 만들어진다

프리드리히 헤겔Friedrich Hegel은 '나'라는 사람이 애초에 남과의 비교를 통해 만들어진다고 주장합니다. 그러니까 헤겔에게 비교는 나 자신을 만들고 꾸려나가는 데 꼭 필요한 양분입니다.

헤겔은 18~19세기의 프로이센(오늘날의 독일) 철학자입니다. 서양철학사의 거장 중 한 명으로, 독일의 관념론Idealism을 종합했다고 평가받습니다. 헤겔은 세계와 개인, 역사 발전의 원동력을 자유라고 생각했습니다.

그렇다면 나의 자유로운 삶은 어떻게 가능할까요? 무엇보다 이 열등감, 초조함, 불안감에서 벗어나야 할 것 같습니다. 아예 다른 사람을 의식하지 않고, 어떤 비교도 하지 않으면 될까요?

그러나 우리가 스스로에 대해서 생각하고 알게 되는 일은 다른 사람과의 비교를 통해서만 가능한 걸요. 예를 들어, 나는 활달하고, 영화 보는 일을 즐기며, 첼리스트가 되고 싶어 합니다. '이만큼의 이런 특성이 나'라고 생각하고 있는 거예요. '나는 이런 사람'이라고 나 자신에 대해 의식하는 것, 나 자신에 대해 생각하는 것이 곧 자기의식입니다. 우리는 자기의식을 통해 내가 누구인지를 알고, 내가 누구인지 생각하는 것은 내 선택에 강한 영향을 미칩니다. 내가 첼리스트가 되고 싶다면 바이올린이 아니라 첼로를 배울 것이고, 일상생활에서도 나의 손을 보호하려 할 것입니다.

그런데 자기의식은 저절로 생기지 않습니다. 신생아가 응애하고 울 때부터 자기를 의식할 수는 없으니까요. 우리가 자기 자신을 의식하게 되는 순간은 언제일까요? 내가 아닌 다른 사람을 마주하고, 그 사람과 부딪히게 될 때 우리는 스스로를 의식합니다. '밥 뭐 먹을까?'라고 물어봤을 때 다 괜찮다고 대답한 사람이

'그럼 중국집 갈까?'라고 제안하니, 그제야 '기름진 거 말고 좀 담백한 건 어때?'라고 자기 의견을 더 분명하게 드러내는 것처럼요. 자신이 무엇을 바라는지를 비교 대상이 생긴 뒤 비로소 명확하게 의식하게 된 것이죠. 그러므로 헤겔에게 자기의식은 다른 사람과 나를 비교하면서, 나를 되돌아볼 때 생겨나는 것입니다. 나를 되돌아봄으로써 특별하게 의식하지 않거나 대략적으로 넘어갔던 것에 대해 나의 특성이나 상태를 분명하게 알아차리고, '나는 이런 사람이야'라고 선을 긋는 거죠. 남과 비교를 통해 점차 자기라는 사람의 모양을 잡아가는 것입니다.

비교는 좋은 거라며? 인정 욕구와 성장의 함정

헤겔식으로 생각하면 비교는 좋은 일이에요. 비교를 통해서 우리는 나 자신의 다양한 특성, 잠재적인 가능성을 더 폭넓고 깊게 이해할 수 있으니까요. 지금까지의 내 모습과 새롭게 깨닫게 된 특성, 가능성을 더욱 잘 조화시켜 보다 성장한 내가 될 수 있는 발판이 될 테고요.

그러나 일이 꼭 좋은 쪽으로만 풀리는 것은 아닙니다. 자기의식이 생기면 그 뒤에 바로 따라붙는 것이 있거든요. 바로 인정받고 싶어 하는 마음, 인정 욕구입니다. '자의식이 있다면, 그런 자기를 인정받고 싶어 하는 것이 인지상정!' 같은 느낌이죠. 나는 이런 사람이라고 의식하게 되면, 자연스럽게 '내가 이런 사람인 것을 인정해줘!' 하는 마음이 생겨납니다. 자기평가가 낮아질 때 열등감을 느끼고 초조해지는 것도 이 때문이죠. 자기 자신을 인정받지 못할 것 같은 두려움이 생기는 거예요.

우리가 익숙하게 떠올리는 인정 욕구는 내가 시간과 노력을 들여 성취해낸 것에 대해 인정받고 싶어 하는 마음입니다. 아이돌 서바이벌 오디션에서는 소위 '성장캐(성장형 인물)'라고 불리는 참가자가 큰 인기를 얻습니다. 처음에는 눈에 띨 만큼 빼어난 모습이 아니었는데, 무대를 완성하는 과정을 통해 스스로 노력하고 배움을 얻어서 점차 능숙하고 멋진 모습을 보여주기 때문이죠. 사람들은 시간을 들인 노력의 의미와 결실을 공감하고, 인정하는 거예요. 이렇게나 성장하다니, 대단해! 노력 정말 많이 했구나! 하면서요. 이렇게 노력을 통해 일궈낸 성장과 성취에는 시험, 자격증, 입학, 입사, 운동, 재테크 등 많은 일이 있습니다. 성격이나 태도의 변화도 물론 포함되고요.

내가 나 자신을 평가할 때도 이 같은 노력과 성취는 중요한 평가 요소가 됩니다. 그래서 우리는 자신의 노력으로 무엇인가를 성취했을 때 큰 보람을 느낍니다. 자신이 얼마나 노력했는지, 그 노력의 시간과 과정은 본인이 제일 잘 알테니까요. 헤겔은 이런 우리의 모습을 내가 처음에는 갖지 않았던 특징이나 면모를 스스로의 힘으로 얻어낸 자기 자신에 자부심을 느끼는 것이라 해석합니다. 내가 이렇게 자부심을 느낄 만하다는 것을 인정해줘!라는 마음인 것이죠.

그런데 우리가 남들과 비교하면서 남들만큼 혹은 남들보다 잘하지 않으면 인정받지 못할 것 같은 마음에 초조하고 불안해지는 비교 또한 이 같은 인정 욕구와 닿아 있습니다. 이런 인정 욕구를 채우려면 우리는 쉴 수가 없습니다. 매번 이전의 나를 갱신하며 더 나아져야 하기 때문이지요. 하지만 어떻게 매번 지난번의 나보다 나아질 수 있겠어요. 지금 이 상태도 시간과 노력이 들어간 것인데, 더 나아지려면 더 많은 시간과 더 많은 노력이 필요하지 않겠어요?

그러므로 노력의 결과로써 얻은 성취가 내가 좋은 평가를 받고, 잘 인정받을 수 있는 유일한 이유라고 생각하면 삶은 영원히 끝나지 않는 서바이벌 오디션이 됩니다. 이 논리대로라면 우리는 항상 지금보다 더 많이 노력하고, 매번 더 잘하고 더 좋은 결과를 내놓아야 합니다. 내 성취에 기뻐할 수 있는 순간은 아주 잠시뿐입니다. 뭔가를 이루어내더라도 내 마음의 불안은 사라지지 않습니다. 나의 노력이 지금보다, 그리고 남들보다 나은 결과를 낳지 않으면, 그 노력은 무가치한 것이 되고 나는 다른 사람에게도 나 자신에게도 인정받을 수 없게 될 테니까요. 항상 초조하고, 항상 불안하겠죠. 인정 욕구가 충족되지 않으니 보람도 자부심도 느끼기 어렵고요.

성장보다 중요한 것

그럼 어쩌면 좋죠? 헤겔은 더 우선되어야 하는 인정 욕구가 있다고 이야기합니다. 모든 인정 욕구의 토대이기도 한 이 욕구는, 피라미드로 치면 윗단을 놓기 위해 먼저 놓아야 하는 밑받침입니다. 바로 '그냥 나'에 대한 인정입니다. 아무것도 아닌, 아무것도 이뤄내지 않은 그냥 나, 나 자신에 대한 인정이요.

이러한 인정 욕구가 충족되지 않으면 수많은 성취를 이루고 그에 대해 스스로 자부심을 갖고 타인에게 인정받아도 불안할 수밖에 없습니다. 왜냐하면 나의 성취도, 거기에 들인 노력도, 성취로 이뤄낸 결과물도 나 자체는 아니니까요. 내가 있어야 노력도 하고 삶이 지속되는데, 나 자신은 인정할 수 없다는 것이 이상하지 않나요? 아무리 화려한 인테리어를 하고 아무리 충수를 높게 올려도 토대 공사가 제대로 되지 않으면 그 집은 모래 위에 지은 성 같은 것이나 다름없지요. 그러므로 우리에게 가장 중요하고 우선시되어야 하는 평가와 인정은 자연체인 자기 자신에 대한 수용과 긍정입니다.

여기서 인정은 그리 거창한 의미가 아닙니다. '그렇니? 아, 그렇구나~' 하고 그 상태를 알아차리고 수용하는 것이 인정입니다. 내가 힘들다고 하면 '네가 뭐가 힘들어? 왜 힘들어? 지금 네가 힘들다는 소리가 나와? 다른 사람들 하는 것 좀 봐. 너보다 더 힘든 사람도 많아' 하고 그 마음을 부정하거나 맞받아치지 말고, '그렇구나, 네가 지금 힘들구나'라고 나의 상태를 인지하고 수긍하는 것입니다. 무엇인가를 느끼고 생각하며, 자신의 삶을 꾸려가는 자기 자신에 대해 '그렇구나'라며 고개를 끄덕여주는 일이 우리에게 필수적인 인정입니다. 이것이 충분히 충족될 때, 우리의 토대는 단단해지고 쉽게 흔들리지 않습니다.

아까 인정 욕구는 자기의식 뒤에 따라오는 것이라고 했지요? 인정받을 목표를 세우는 것도, 노력을 하는 것도 나름의 자기의식을 지닌 내가 있지 않으면 시작될 수 없습니다. 게다가 자기의식은 다른 사람이 만들어준 것이 아니라, 내 나름대로 생각한 것입니다. 그리고 나는 그 자기의식을 계속 변화시키고 새롭게 선택할 수 있고, 계속 스스로의 삶을 꾸려갈 수 있는 사람입니다. 그러니까 사람이 자기의식을 가질 수 있다는 것은 생각 이상으로 엄청난 일입니다. 자기 삶을 스스로 만들어 갈 힘을 이미 발휘하고 있다는 뜻이거든요. 그래서 우리는 어떤 성취가 없이도 이미 인정할, 인정받을 가치가 있습니다.

비교의 중심

헤겔은 세상 사람들은 대개 남에게 인정받으려고 애쓰고, 자신은 인정받을 만한 사람이라고 생각하지만 남은 좀처럼 인정하려고 하지 않는다고 지적합니다. 하지만 저는 반대로 이런 생각이 들더군요. 지금을 사는 우리에게는 나 자신을, 자기의 중심을 인정하는 일이 오히려 더 낯선 일은 아닐까? 하고요.

비교는 내 바깥으로 시선을 돌리는 일입니다. 나에게 아직 없는 것을 가진 사람, 나보다 잘하는 사람들을 보면 마음이 흔들리죠. 그러나 흔들려야 비로소 새로운 움직임이 시작됩니다. 대신 그 흔들림이 지나쳐 초조함, 좌절감, 공포심을 느끼게 될 때는 비교의 시작과 끝을 생각해보세요.

비교를 하는 주인공도 나, 그 비교 끝에 다시 돌아오는 것도 나 자신입니다. 내가 잘하고 싶은 건 나 자신의 삶이기 때문이죠. 그러니까 비교의 중심이 나한테 있어야 합니다. 다른 사람을 보더라도 결국은 나에게서 시작하는 것이고, 그래서 다시 나에게로 돌아와야 하는 것이지요.

나는 애초에 무엇을, 어째서 바라게 되었나요? 왜 그렇게 노력하고 무엇 때문에 그렇게 초조해졌을까요? 그 기준이 전부 나에게서 시작하여 다시 내게로 돌아오는 마음일까요? 어쩌면 우리는 무엇을 해야 하는지, 무엇이 되고 싶은지, 얼마만큼 많이 그리고 얼마만큼 빠르게 성취해야 인정할 만한 나인지를 타인의 관점과 시선에서 출발하고, 다시 타인의 평가로 마무리하고 있을지도 모르겠습니다. 그렇다면 내 자기의식의 중심에, 그리고 내 삶의 중심에 있는 것은 내가 아니라 남이겠죠. 당신의 모든 노력과 비교의 중심에 당신이 있기를 기원합니다.

3

꿈과 현실, 타협이 될까요?

with 프리드리히 니체

#꿈 #현실 #균형은어떻게잡나요 #내가좋아하는나이고싶어 #니체 #긍정
왕 #내가원했다 #나의마음과의타협이중요해

어렸을 적에는 무엇이든 할 수 있을 것 같았는데, 점차 현실을 알아가면서 꿈을 좇는 데 두려움이 생겼습니다. 나의 재능도, 노력도 확신하기 어려워졌거든요. 그렇다고 지금의 현실 그대로를 받아들이기에는 지금의 나로 결코 만족할 수가 없습니다. 그래서 자꾸 꿈을 생각하게 되는 것 같아요. 내가 바라는 내가 되자니 힘들고, 현실에 만족하자니 그것도 어렵습니다. 과연 이 상황이 타협 가능한 것일까요? 워라밸처럼, 꿈과 현실의 이상적인 타협점이 과연 있을까요?

고객님, 허락한 꿈이 따로 있을까요?

시작하기 전에도, 하고 있는 중에도, 그만 접으려 할 때도 고민되는 것이 꿈입니다. 그래서 저는 종종 꿈을 연애 관계에 비유하기도 합니다. 고민할 새 없이 덥석 붙들게 되고, 엄청나게 고민하고, 도무지 쉬운 길이 아닌 것 같고 힘들 게 눈에 뻔히 보이는데도 '그럼에도 불구하고' 뛰어드는 것. 이제는 도무지 계속할 수 없을 것 같다고 느껴도 그만두기에는 마음이 참 그렇고, 지난지 한참이 되었어도 두고두고 생각나기도 하는 것이요. 아니, 이렇게까지 어려울(좋을) 일이야, 막상 뛰어들고 나면 상상했던 것과는 어떤 식으로든 다른 것까지도요.

'꿈이 뭐예요?' 우리는 어릴 때부터 꿈을 빨리 정하라고 재촉받는 시대를 살고 있습니다. 사실 너무 어릴 때 생긴 꿈은 지속되기 쉽지 않지요. 그 어린아이가 뭘 그렇게 잘 알아서 그 꿈을 꾸겠어요. 돌잡이 할 때처럼 보이는 것 중에 덥석 잡은 것일 수도 있는데 말이죠. 그럼에도 사회는 빨리 꿈을 정해서 그것만 보고 달려가기를 요구합니다. 꾸어준 돈 재촉하듯 빨리 정하라고 닦달해서 '꿈'이라 부르는 건가 싶을 정도로요. 그런데 또 어떤 때는 헛꿈 꾸지 말고 네 앞가림이나 잘하라는 핀잔을 들을 때도 있거든요. 막상 꿈이 없다고 대답하면 그건 또 그것대로 미묘한 반응이 돌아옵니다. 아, 어쩌란 말인가, 세상이 허락하는 꿈이 따로 있나 싶어요. 그래서 도로 물어보고 싶기도 합니다. 도대체 꿈이 뭐라고 생각하세요? 제가 꾸기에 적당한 추천 꿈, 맞춤형 꿈이 따로 있나요?

그렇게 밀어붙이지 않아도 꿈꾸는 것은 원래 쉽지 않고 많은 에너지를 요합니다. 남들과 비슷하면 비슷한 대로, 다르면 다른 대로 그래요. 경쟁률이나 시장성의 문제만은 아닙니다. 꿈이란 것이 지금 없는 것, 아직 없는 것을 그려내어 바라는 일이기 때문이지요. 엄청난 상상력을 요합니다.

18세기 철학자 임마누엘 칸트_{Immanuel Kant}는 매일 꼭 같은 시간에 산책을 해서 사람들이 칸트를 보면 지금이 몇 시인지 알아차렸다는 일화로 우리에게 잘 알려져 있지요. 칸트는 상상력을 '엄청난 집중력과 에너지를 요구하는 일'이라고 설명합니다. 칸트에게 상상력은 마음속에 떠오르는 잡다한 것을 여러 가지 조합으로 조화롭게 구성해내는 능력이자 힘입니다. 자기 혼자 마음속으로 다양한 조합을 만들어보는 활동을 하려면 얼마나 많은 힘이 들겠어요. 그래서 창작의 고뇌라는 말도 있는 것이겠지요. 꿈을 꾸는 일도 마찬가지입니다. 아직 있지 않은 현실에 대한 새로운 그림을 그리고 쫓아가는 일이잖아요. 그냥 상상도 힘든데 내 인생의 꿈을 그려보는 상상이니 당연히 힘들 수밖에 없지요.

현실적으로 살기도 어려워

어디 꿈을 갖고, 꿈을 꾸는 일만 어렵겠어요. 꿈을 쫓는 일도 어렵다는 걸 많은 사람들이 잘 알고 있습니다. 꿈을 쫓는다고 해서 내가 꿈꾸는 대로 똑같이 된다는 보장도 없고, 꿈을 이루기 위해 얼마나 많이 노력해야 하는지, 얼마나 많은 시간과 자원을 쏟아야 하는지 역시 가늠하기 어렵습니다. 처지에 따라서는 꿈을 꾸기 시작하는 것조차 사치스러운 일처럼 느껴지기도 하지요. 꿈을 이루려면 엄청나게 노력해야 하고, 노력하며 바쁜 와중에 돈 쓸 일도 계속 생기거든요. 때로는 꿈을 이루기 위해 많은 돈을 들여야 하는 경우도 있고요. 그러다 중도포기나 실패라도 하게 되면, 그다음에는 어떻게 해야 좋을지 도무지 모르겠고, 사람들이 나를 어떻게 평가할지도 두렵습니다. 애초부터 내가 내 주제에 맞지 않는 허황된 꿈, 결코 이룰 수 없는 꿈을 향해 달려드는 불나방 같은 것은 아닌지 내 판단력 자체가 의심스러울 때도 있고요.

그런데 생각해보면 현실에 나를 딱 맞추어, 현실이 요구하는 대로 사는 것도 쉬운 일은 아닙니다. 다들 느끼고 있겠지만요. 하고 싶은 일과 생계 유지를 위해 해야 하는 일 사이에서 생계 유지를 위해 하는 일이 꿈을 꾸는 일보다 더 쉽다고 단언할 수는 없거든요. 어렸을 때야 내 한 몸 건사 못하겠나 싶었지만 막상 사회에서 버티고 살아남는 일은 생각보다 더 어렵고 혹독하더라고요. 건강을 돌볼 여유도 없이 바쁘게 산다고 해서 삶이 꼭 안정화되는 것도 아니었습니다.

반대로 이렇게 쉽지 않은 현실이야말로 나를 더 꿈꾸게 밀어붙이는 원인이기도 합니다. 꿈을 포기하고 현실을 붙들었지만 그런 현실 속에서조차 내가 충분히 괜찮은 사람처럼 느껴지는 것은 아니거든요. 오히려 현실에는 가깝고 구체적인 비교 대상이 너무 많기 때문에 나의 부족함이 더 실감 나게 다가옵니다. 그래서 이대로만 있으면 안 될 것 같고 다시 꿈을 꾸고 싶어지고요. 나는 그냥 숨만 붙어 있는 채로 사는 것이 아니라, 나를 좋아하면서 이 현실을 살아가고 싶으니까요.

얼마 전에 본 예능 프로그램에서 누가 이런 말을 하더라고요.

'예전에 나는 무모할 만큼 용감한 사람이었는데 오히려 조금씩 현실을 알고 현실적으로 살아갈수록 더 겁이 많아지더라, 이전의 용감한 내 모습을 다시 찾고 싶다'고요.

세상을 알아갈수록 나를 잃는 것 같은 기분이 들 때가 있어요. 세상에 대해 아는 것이 많아질수록 점차 내 뜻만 내세우지 않고 다른 사람과 조건에 나를 맞추는 법도 배워갑니다. 좋게 말하면 우물 안 개구리로 떵떵거리며 살다가 조금씩 더 넓은 세상을 알고 조금씩 더 겸손해지는 것이겠지요. 그러나 더 많이 알아 더 겸손해진 내 모습이 때로는 내가 꿈꾸고 좋아하던 나와는 너무 멀어진 것 같은 기분이 들 때가 있습니다. 무모해도 용감했던 나를 다시 찾고 싶은 마음처럼요. 그래서 다시 꿈을 바라보게 됩니다. 어떻게든 더 좋게 달라졌으면 좋겠거든요. 그리고 지금보다 더 나은 자신을 꿈꾸지 않는 일이야말로 나를 방치하는 일처럼 느껴지기도 하고요.

꿈과 현실도 타협이 되나요

그러니까 보통 꿈과 현실은 정반대의 입장 같지만 실은 어울렁더울렁 만수산 드렁칡이 얽혀진 것처럼 함께 사는 공생 관계입니다. 현실을 잘 살기 위해 꿈이 필요하고, 현실이라는 밑바탕 재료가 있어야 꿈을 꿀 수 있습니다. 나의 현실이 가장 이상적인 상태가 되는 것이야말로 내가 꾸는 나의 꿈입니다. 실컷 꿈꿔놓고 그 꿈이 남의 몫이 되기를 바라지는 않잖아요.

사람들은 흔히 꿈을 접고 현실을 택하는 일을 '현실과 타협했다'고 표현합니다. 그러나 꿈과 현실이 본래 얽혀 있다고 생각하면 사실 꿈과 현실과의 타협은 무척 좋은 말입니다. 오히려 우리가 추구해야 할 것이죠. 타협은 상대의 뜻만을 쫓아간다는 의미가 아니라 서로 원하는 것을 조정하고 맞춰간다는 뜻이니까요. 그러니까 문제는 타협하지 못할 때 발생합니다. 그 타협이야말로 어려운 일이고요.

철학자 프리드리히 니체Friedrich Nietzsche는 이것이 꿈과 현실의 이야기가 아니라, 나 자신에 대한 이야기라고 진단합니다. 현실을 따를 것인지, 꿈을 따를 것인지의 양자택일의 문제도 아니고 꿈과 현실의 적정 균형점에 관한 이야기도 아니라고요. 니체는 어느 쪽에 더 끌리든, 어떤 상황에 처해 있든, 실제로 타협하지 못하는 것은 꿈과 현실이 아니라 '나와 나 자신의 마음'이라고 이야기합니다. 현실의 내 모습에 그대로 만족하기는 어렵고, 꿈을 좇기에는 두려운, 이 두 가지 상황의 공통점은 '내가 나 자신을 긍정하기 어렵다'는 것이기 때문이죠. 어느 쪽이든 나를 좋아할 수 없는 거예요.

진짜 문제는 꿈과 현실의 양자택일이 아니다

니체는 19세기의 철학자로, '신은 죽었다' 같은 발언과 함께 전통적인 서양철학에 전면적 반기를 든 것으로 잘 알려져 있습니다. 니체가 신이 죽었다는 말로 주장하고자 한 것은 신으로 대표되는 기존의 가치가 무너진 시대가 왔다는 것이었습니다. 단순히 시대적인 급변으로 인해 지난날의 가치가 구식이 되면서 무너진 것은 아닙니다. 원래부터 합당하지 않은 것이 합당한 척, 모두에게 해당할 수 없는 것이 모두에게 해당되는 척했기 때문이지요.

니체는 수많은 힘(멈추지 않고 활성화되려 하는 움직임)이 부딪히는 변화무쌍함에 세계의 진면목이 있다고 주장합니다. 그렇게 변화무쌍한 세계에서 모두에게 똑같이 합당한 것이란 있을 수가 없는데 서양철학은 오랫동안 모두에게 동일한 가치를 추구하고, 그 가치를 추구하지 않으면 마치 그 사람이 못나고 악한 사람인 것처럼 배제하려 했다는 것이지요. '정상적 인간'이란 이러저러한 것인데, 너는 그 특성 중 하나를 갖추지 못했으니 '비정상'이구나, 네가 잘못되었으니 얼른 정상 기준에 맞게 더 채우거나 뜯어 고쳐주기를 바란다 같은 태도였다는 것입니다.

이렇듯 기존 가치 체계를 전면부정하기 때문에 니체에게 '허무주의nihilism'라는 키워드도 함께 따라붙습니다. 그러나 니체에게는 이 허무가 망연자실하여 유령처럼 돌아다니게 만드는 것이 아니라, 껍데기뿐인 것을 전부 치워버리고 진정으로 가치 있는 것을 새롭게 만들어나가기 위해 필요한 최소한의 준비물이자 원동력입니다.

왜 나는 지금의 나를 좋아할 수 없을까요? 왜 나는 현실에 착붙어사는 것, 꿈을 향해 달려가는 것, 그 어느 쪽도 선택하지 못하고 괴로워할까요? 현실의 나에게 만족하지 못할 때, 우리는 세상이 '현실적'이라고 부르는 기준을 나 자신에게 적용합니다. 내가 꼭 좋아하고 찬성하지는 않더라도 어쨌든 그럴 법한 것으로 여기는 기준으로 나를 바라보지요. 직업의 유무, 벌이, 사는 동네, 자산, 팔로우 수나 좋아요 수, 키, 몸무게, 근육량 등 쉽게 떠올릴 수 있는 수치들 같은 것이요. 그뿐만이 아닙니다. 남들이 할 때, 남들이 하는 일을 남들이 하는 방식으로 내가 시도했는지도 여기에 포함됩니다. 내가 현실적 기준 혹은 척도라고 생각하는 것을 돌이켜보니 엄청 많더라고요. 그런 것들에 따라 나를 살펴보니 나는 썩 만족스럽지 않습니다. 반대로 내가 꿈을 좇을 만한 사람인지, 그래도 되는지를 생각할 때도 어떤 평가 기준이 있습니다. 예를 들면 재능의 뛰어남, 흔들리지 않는 굳건함 같은 것이지요. 나는 거기에도 별로 맞지 않는 것 같습니다.

그러니까 이 순간 우선되는 것은 '내'가 아니라, 이미 자리 잡은 '어떠한 기준'이고 그 기준에 따라 누군가를 '평가하는 공식'입니다. 그렇다고 이깟 기준은 모두 가짜야! 잘못되었어!라고 때려 부수기에 우리는 그 기준의 유용성을 나름 받아들이고 있습니다. 결과적으로 지금 내가 받아들이지 못하는 것은 그 기준에 따라 낮게 평가된 자기 자신입니다. 내가 나 자신을 수용하지 못하면 나는 어떤 길을 선택해도 마음 편하게 살 수가 없습니다. 내가 평생 데리고 살아야 하는 사람, 평생을 타협하며 맞춰 가야 하는 사람이 바로 나인 걸요. 조금만 체해도 하루 종일 속이 불편한데, 나를 받아들이지 못해 체한 상태라면 얼마나 고되겠어요.

나 자신으로 사는 첫 번째 방식, '어쩌라고' 마인드 갖기

우리는 두 가지 방향을 생각해볼 수 있습니다. 하나는 기존의 유럽 정신사를 전면 비판한 니체처럼 기존의 기준, 조건을 내가 꼭 그럴 법한 것으로 받아들여야 하는 것인지에 관해 생각해보는 일입니다. 과격한 버전으로는 '왜, 그래서 뭐. 어쩌라고' 같은 태도가 있겠지요. 나를 낮게 평가하는 기준을 해체하는 방법입니다. 이렇게 살아야 괜찮은 삶이라고, 현실은 이렇게 살아야 제대로 사는 것이고 꿈길은 이렇게만 걸어야 한다고 누가 정해놓은 것은 아니잖아요. 정했어도 그게 언제까지 정답이고 모범답안이 될 수 있겠어요?

그러나 이런 태도를 취하기는 쉽지 않습니다. 그런 기준이나 평가에 대한 단 한 번의 반발이 어려워서만은 아니고요, 그렇게 해야 한다고, 이것이 현명하고 좋은 것이라고 생각했던 가치를 다 치워버리면 사실 평범한 우리에게 남는 것은 당혹감과 혼란이기 때문입니다. 예를 들어 판타지 소설에서처럼 갑자기 다른 세계로 떨어졌는데, 내가 알던 모든 종류의 인사법이 전부 통하지 않을 때 느끼는 황망함 같은 것이요. 지금까지 배웠던 '정답'의 세계가 무너질 때, 우리는 새로운 노력과 열정을 어디로 향해야 할지 혼란스러워집니다. 무엇을 바라보면 좋을까요?

오히려 좋아

니체는 그럴 때 비로소 자기 자신으로 살 수 있다고 이야기합니다. 지금까지 해야 한다고, 정답이라고, 나를 판단할 때 당연한 기준이고 참고사항이라고 생각했던 것의 가치가 흔들릴 때 이제 '반드시 이것을, 이렇게 해야 한다'는 과제는 사라집니다. 남는 것은 해야 한다고 믿어왔던 것이 아니라, 지금 이 순간 내가 어떻게 움직이고 싶은지입니다. 오늘 출근을 안 해도 된다면 무엇을 하겠어요? 퇴근 후 가족에게 쓰는, 그마저도 죄책감을 느끼며 쓰는 그 시간을 오늘만 잠시 내 것으로 한다면 나는 무엇을 할까요? 니체는 어떤 기준으로 무엇을 하든 괜찮다고 말합니다. 하나의 기준에 사로잡혀 꼼짝달싹 못하는 것만 아니라면, 내 나름의 활기를 느낄 수 있다면 무엇이든 좋다고 합니다.

껍데기 같은 가치, 실은 모두에게 정답일 수는 없는데 그런 척 사람을 눌러왔던 가치를 부정하는 니체의 입장은 기준을 가지고 생각하는 일이 전부 잘못이고, 그래서 그런 일을 다 때려치워야 한다는 뜻이 아닙니다. 다양한 기준에 나를 끼워 맞추느라 나를 뒷전으로 두지 않아야 한다는 것이지요. 아까 멈추지 않고 계속 활성화하려는 움직임이 세계를 구성하는 것이라고 했잖아요. 나에게도 그런 힘이 있거든요. 그런데 지금의 나는 힘이 부드럽게 잘 흘러가는 중이 아니라, 여러 평가 기준에 눌려 있는 상태입니다. 그러니 중요한 것은 무엇을 하든, 어떤 기준을 가져오든 내 힘을 멈추지 않고 계속해서 활성화하는 것입니다. 다른 사람이 제시하는 가치에 붙들리지 않고 일단 해보는 것이죠.

사실은 니체도 자신의 책(『짜라투스트라는 이렇게 말했다』)에서 이렇게 사는 일은 너무 외로워 밤마다 울 수도 있다고 말합니다. 그런 삶은 누구에게나, 설령 그렇게 주장하는 사람조차 어려워하는 길입니다. 그럼에도 니체는 그 길을 선택하라고 하는데, 진정으로 나 자신을 위하는 삶은 나 자신을 뒷전으로 두지 않는 삶이기 때문입니다. 외로움에 울더라도 자기 마음이 편한 길을 택하려 애쓰는 누군가의 모습을 떠올리면, 조금은 위로가 되는 듯합니다. 동질감도 느껴지고요. 내가 너무 힘들어 밤마다 괴로워하는 것 역시 내가 계속 활성화된 상태로 살기를 선택했다는 뜻이니까요.

두 번째 방식, '원하지 않았다'에서 시작하기

같은 맥락에서 우리는 두 번째 방향으로 나아갈 수도 있습니다. 어떤 기준이든 평가든 꿀떡 삼켜서 소화하는 나로 움직이는 방향이요. 아까는 '그 기준이 과연 그렇게나 합당하여 변할 수 없는 것일까? 세상에 그런 기준이나 가치밖에 없을까?'라며 들이대는 방식이었다면, 이번에는 '아 그래, 내가 지금 그런 상태구나' 하고 허허로이 끌어안는 방식이죠.

니체는 여기서 한 발자국 더 나아가는데요, 내 마음에 안 드는 이 모든 상황, 내 마음에 안 드는 나에 대해 '그 무엇이든 내가 원했다'라고 말하라고 합니다. 지금이 별로 아름답지 않아도 '나는 지금의 나를 원했어, 지금의 내가 좋은데?'라는 자기긍정왕으로 살라는 것이죠.

자기긍정왕의 최고 단계는 돌이킬 수 없는 시간의 흐름마저도 자기가 원한 것으로 포용하는 사람입니다. 인간이 아무리 자기 뜻대로 살아도 결과마저 자기 뜻대로 완벽하게 맞추어 통제할 수는 없잖아요. 그런데 더욱 어찌할 수 없는 것은 그렇게 시간이 이미 흘러가버렸다는 사실입니다. 우리가 때로 깊은 후회에 치명상을 입는 것은, 이제는 깨닫고 반성하고 바뀌게 되었어도 그때 그 일을 되돌리거나 없었던 일로 만들 수는 없다는 사실을 잘 알기 때문이지요. 니체는 그마저도 '오, 그래. 내가 원한 거야'라고 긍정할 수 있는 사람이 가장 자기 자신으로 사는 사람이라고 합니다.

이것이 바로 그 유명한 니체의 '초인' 개념입니다. 초인은 장애물을 전부 부술 수 있는 수퍼히어로 같은 존재가 아니라 어찌 되었든 나의 삶, 나의 매 순간을 긍정할 수 있는 사람입니다.

자신의 삶을 부정하게 되는 순간을 계속해서 넘어서기 때문에 '초인^超'인이지요. 그래서 니체에게 최고 단계의 초인은 가치에 저항하는 사람이 아니라 무엇을 만나도 놀이로 만드는 어린아이처럼, 사건, 사고에도 '이런 게 여행의 참맛이지'라고 생각하는 여행객처럼 삶을 즐기는 사람입니다.

하지만 보통의 삶에서 그렇게까지 초인일 필요가 있을까요? 그런 삶이 더 어려울 것 같거든요. 그래서 저는 니체의 이야기를 거꾸로 생각해보는 쪽을 제안하려고 합니다. '내가 원했다'고 도무지 삼킬 수 없는 것이 무엇인지 살펴보고, 그로부터 조금씩 멀어지는 내가 되도록 움직인다면 어떨까요? 내가 도무지 삼킬 수 없는 것은 타인에게 낮은 평가를 받는 나일까요, 성공하지 못한 나일까요, 아니면 도전하고 싶은 길에 발도 디뎌보지 않은 나일까요?

어딘가에 지원하거나 평가받기 위해 이력서나 자기소개서를 작성할 때, 우리는 종종 지나온 시간을 후회하면서 지금까지의 자신을 전면 재평가하는 순간을 맞이합니다. 어떤 평가 앞에서 초연하거나 자신만만하지 못한 나를 느끼면 나 자신이 엄청나게 '되는 대로' 살아온 것처럼 느껴지거든요. 너무 생각 없이 막 살았나? 왜 더 계획적이지 못했나? 하는 식으로요. 그러나 가만히 생각해보면 진짜 두려운 것은 타인의 기준이나 평가가 아니라, 그런 기준에 따라 나의 지나온 시간을 전부 평가절하하는 나 자신입니다. 내가 정말로 원하지 않은 것은 무엇인가요? 내가 그럭저럭 할 수 있는 일로 먹고사는 나의 삶일까요, 아니면 그런 나에게 이것저것 더 많은 것을 요구하는 사람들의 말을 옳게 여기며 마음이 요동치고 흔들리는 것일까요? 지금 필요한 것은 이상적인 타협점을 찾는 것도, 나 자신을 몰아세우는 것도 아닙니다. 지금 이 순간 가장 필요한 것은 내가 나를 좋아할 수 없게 만드는, 나 스스로를 부정하게 만드는 선택 혹은 삶의 방식이 무엇인지를 마주하는 일입니다.

4

시간이 갈수록 나는 약해질까요?

with 주디스 버틀러

#나는그대로인데나를보는세상이 #변해가네 #변하지않는것
#나이드는것인가 #안티에이징 #취약성 #주디스버틀러
#우리가배워야하는것

저는 예전부터 지금까지 쭉 이것저것 잘 빠뜨리고 잘 부딪히는, 덜렁거리는 인간으로 살아가는 중입니다. 그런데 어느 순간부터는 제가 똑같이 실수해도 "이제 너도 나이가 들었구나", "너도 늙는구나"라는 말을 듣더라고요. 그 말을 들으니까 조금 억울했어요. 아니 나는 예전부터 이랬는데! 나는 하나도 안 변했는데, 나는 똑같이 행동했는데, 왜 숫자 나이 때문에 내가 가진 본래의 특성이 노화의 신호처럼 여겨지는 것일까? 하고요. 하지만 '나는 안 변했는데!'라고 생각한 순간 조금이나마 그 정체를 발견한 것 같았어요. 나이를 먹는다는 것의 의미를요.

어른은 아예 장르가 다른 줄 알았는데

어렸을 때는 나이를 먹으면 엄청나게 다른 내가 되는 줄 알았어요. 초등학교 때는 선생님이 나하고 굉장히 다른 존재로 보이잖아요. 거의 '종'이 다르게 느껴진달까요? 돌이켜보면 갓 임용된 20대 후반 선생님도 있었으니까, 사회 초년생이었던 셈인데 제 눈에는 100% 어른, 완전히 다른 '장르'의 사람처럼 보였어요.

그런데 이제는 제가 그 장르 자체가 다른 존재가 되었습니다. 청춘이 영원할 것이라 생각한 적은 없지만, 그렇다고 나이를 먹는 걸 자각할 틈도 없이 세월이 흐를 줄은 몰랐어요. 그저 하루하루 살았는데 어느새 나이가 들어 있더라고요. 어렸을 때도 하루하루 살았고, 어른이 되어서도 하루하루 살고 있는데, 시간이 쑥 흘러 어느새 지금의 나이가 되었습니다.

역설적으로 이제야 알게 된 것은 어른이라고 다른 '종'은 아니라는 사실입니다. 나이를 먹는다는 것은 적극적으로 변하는 것, 아주 다른 존재가 되는 것이 아니었어요. 오히려 나이를 먹는다는 것은 '머물러 있는 것이 점차 늘어나 쌓이는 일'이었습니다. 변하는 것 속에서 변하지 않는 내가 되는 것, 혹은 변하는 것들을 알아차리지 못하는 내가 되는 것, 함께 변화할 수 없는 내가 되는 일이요. 그래서 역설적이게도 나이 먹는 것은 변하지 않는 것입니다. 나의 마음이나 생각은 어느 한순간에 머물러 있는데, 나머지 것들은 변해가는 것이죠.

마음은 그대로인데 과욕이 되었다

고대 그리스의 철학자 플라톤Platon은 우리가 살아가는 세계의 특징, 다시 말해 우리가 경험하는 세계의 특징이 변하는 것에 있다고 보았습니다. 가장 확실한 증거는 물론 신체의 변화겠지요. 시간이 지남에 따라 우리 몸의 기관은 성장을 멈추고, 기능은 저하되어갑니다. 이 과정을 우리는 '노화'라고 부릅니다. 몇 년 전에 사촌 동생이 그러더라고요. 누나, 나는 아직 더 먹고 싶은데 소화가 잘 안 돼. 이제 예전처럼 먹으려고 하면 그게 욕심이 되더라. 그래서 좀 슬퍼졌어. 그때는 그 말을 듣고 '나보다 나이도 어린 것이!'라며 농담처럼 넘겼지만 점차 그 말의 의미를 체감하게 되었습니다. 이제 치킨과 맥주가 그렇게 당기지 않고, 숙취가 오래가는 것을 알아 스스로 몸을 사리게 되고, 멋져 보이려고 운동하는 것이 아니라 살기 위해 운동한다는 말이 나오게 되는 것이죠.

그래서 나이 드는 일은 이전에 당연했던 일이 어느새 과욕이 되는 것이기도 합니다. 하지만 덕분에 우리는 한 가지 사실을 알 수 있습니다. 몸의 흐름과 마음의 흐름이 같지 않다는 것이죠. 내 마음도 내 몸과 함께 변했으면 애초에 과욕 따위는 부리지 않았을 테니까요. 나의 마음은 여전히 나에게 가장 익숙한 어느 한 시점의 내 모습, 생각, 욕망에 따라 나의 몸이 움직이기를 바라고 있습니다. 거꾸로 생각하면 마음은 나이를 먹지 않거나, 더 디 먹을 수도 있습니다. 마음은 몸과 똑같은 시간을 달려가고 있지 않으니까요. 그래서 마음은 청춘이라는 말도 있잖아요.

사실은 불가능한 '안티에이징'이 잘 팔리는 까닭도 그 때문입니다. 천하제일의 권력자 진시황조차 불로장생약을 찾지 못했다는 사실을 우리는 잘 알고 있습니다. 그러나 마음은 젊은 그 느낌 그대로 머물 수 있으니까 그 마음에 맞게 내 몸도 따라와주면 안 될까 싶은 것이죠. 탄탄한 근육, 주름 하나 없는 얼굴, 기적의 재생치료 등 안티에이징은 대개 외모를 강조합니다. '신체 기능이 저하되면 이전과 비교해 불편한 일이 많아지니까, 그런 불편을 조금 더 미루거나 완화합시다!'라고 하는 것이지요. 그러기 위해 미리미리 운동하고, 비타민도 먹고, 피부과도 다니고, 주사도 맞고, 이것도 먹고 저것도 먹고, 저것은 먹지 말고, 같은 흐름입니다. 그러나 사실 안티에이징의 핵심은 몸 자체가 아니라 변하고 싶어 하지 않는 마음을 겨냥하는 것입니다. '당신은 최대한 변하지 않을 수 있어요, 당신이 바라는 것은 과욕이 아니라 과학입니다'라고 부추기는 것이지요.

정말로 두려운 것은 마음조차 변하는 것이다

정말로 두려운 것은 몸이 늙는다는 사실보다 '과욕이 된다'는 사실에서 출발합니다. 처음부터 과욕이었던 것이 아니라, 어느 시점부터 과한 것이 되어버렸다는 점이 중요합니다. 이전에는 할 수 있었는데 이제는 할 수 없다거나, 무척 어려워지는 것이죠. 더 많은 수고를 요구하지만 그렇다고 이전만큼의 결과가 나올지는 약속할 수 없습니다. 새로 배우는 일이 아니라 내가 잘 해냈던 일인데도요.

세상은 원래 내 뜻대로 안 되잖아요. 그나마 내 뜻대로 되게끔 애써서 밀어붙여왔던 것이 '나 자신'이었는데 이제는 나 자신이 무엇을, 얼마나 할 수 있을지 확신하기 어려워졌습니다. 예전에는 하루 이틀 밤을 새우면 이만큼 속도를 내서 완성할 수 있다고 생각했지만, 이제는 밤을 새우면 그다음 날 작업이 어려워집니다. 열심히 준비하지 못해서 풀어내지 못하는 줄 알았는데, 열심히 준비해도 몸이 힘들면 말이 꼬입니다. 그런 경험을 해보니 두려움이 생깁니다. 내가 나 자신에게조차 약속할 수 없고, 이전과 같은 기준이나 조건으로 나 자신의 업무 수행을 계산할 수 없으니까요. 계산대로 되지 않을 수 있다고 생각하니까 보수적으로 계획하고 생각하게 됩니다. 혹시 모르니까 미리 대비를 해서 더욱 조심스럽게, 더욱 안전하게 움직이고 싶어지는 것이죠.

네, 결국은 마음마저 변하는 거예요. 단지 몸만 변하는 것이 아니라 마음도 꿈도 상상력도 모든 것이 조금씩 약해지고 있는 것입니다. 심지어 지금 이 순간이 그 약함의 절정도 아닙니다. 이것은 일종의 전조이고, 어쩌면 일시적인 피로의 문제일 수도 있습니다. 그러나 설령 그렇다 하더라도 시간이 지날수록 이 약함, 과거'처럼' 할 수 없음은 나에게서 점차 더 큰 비중을 차지할 것입니다.

하지만 이대로 약해질 수는 없습니다. 이 사회 속에서 살아남기 위해 나는 아직 부딪히고 경쟁해야 하기 때문입니다. 그런데 나의 경쟁력은 무엇일까요? 지금의 나에게는 멋모를 때 지닐 수 있는 용기도, '어른스럽고 멋진' 모습도 없습니다. 선배다운 태도, 고도로 숙련된 기술이나 사회생활을 부드럽게 헤쳐나갈 연류, 지혜는 아직도 한참 멀었습니다. 여전히, 매번 엄청나게 노력해야 겨우겨우 넘어가는 걸요. 하나를 넘기면 다시 새롭게 모르는 하나가, 아니 대여섯 개가 닥쳐오는 기분입니다. 그러나 나의 나이나 경력만큼 세상이 요구하는 기대치는 더 높아집니다. 그러니 나는 약해지면 안 되는데 약해졌고, 기대한 만큼 능숙해지지는 못했습니다. 나이를 먹는 일은 하나를 잃으면 하나를 얻는 그런 산수 같은 일이 아니었습니다.

이대로 약해질 수는 없다?

그러나 어느 한 시점과 똑같이 할 수 없다는 게 불리하고 나쁘기만 한 것일까요? 오히려 어느 한 시점을 기준으로 영영 변하지 않을 것이라는 생각이야말로 세상의 이치를 거스르려는 태도라고 할 수 있습니다. 시간이 흐르고 상황이 변하고, 나의 몸도 생각도, 내가 맞이하는 삶의 과제와 그 의미도 계속 변화할 텐데 나만이 변하지 않으려는 것이니까요. 그리고 그런 태도라면 더욱 더 힘들 수밖에 없겠죠. 흐름을 따라가는 일보다 흐름을 거스르는 일에는 더 많은 노고가 필요하니까요. 게다가 변화를 통해서만 얻게 되는 깨우침도 있고요.

그렇다면 나쁜 것은 똑같지 않다는 사실이 아니라 약함 자체일까요? 지금도 왕성하게 활동 중인 미국의 철학자 주디스 버틀러Judith Butler는 사회가 생각하는 '정상성'의 이해에 대해 계속해서 문제를 제기해왔습니다. 버틀러는 우리가 생각하는 '약함'의 기준을 다시 생각할 것을 권유합니다. 뭐든지 할 수 있는 것이 무조건 강한 것이 아니고, 할 수 없는 것이 무조건 약한 것은 아닙니다. 실제로 우리는 약하다거나 강하다는 표현을 사용할 때, '~보다 약하다', '~보다 강하다'는 비교급을 이용합니다. 그러니까 우리가 생각하는 대부분의 '할 수 없음'에 대한 기준은 상대적입니다. 예를 들어 신체적 기능의 저하와 불편함은 나이만의 문제가 아닙니다. 체질이나 질병의 문제이기도 하고, 특정한 신체를 표준 삼아 그와는 다른 몸을 지닌 사람이 적응하기 어렵게 만드는 사회적 환경의 문제이기도 하지요. 저는 땅 위에서는 혼자서도 일정 속도 이상으로 걸어갈 수 있지만 물속에서 걸으려 한다면 땅 위에서 걷는 것'처럼' 할 수 없을 것입니다.

사회가 장애라고 규정하는 것도 마찬가지입니다. 장애는 구조나 기능상의 어려움을 안고 있는 것이기도 하지만, 사회적 환경이 할 수 없게 만드는 것이 많을 때 만들어지는 것이기도 합니다. 만일 제가 얼음 위, 암벽 위, 혹은 달 위에서 걷는다면 어떨까요? 당연히 저는 잘할 수 없을 것입니다. 하지만 그럴 때 저는 제 자신이 약해졌다고, 무력하다고 생각하지는 않을 것입니다. 물론 얼음 위를 뒤뚱거리는 내가 무력하게 느껴질 수는 있지만 언제든 스케이트화나 스케이트 교육, 안전 펜스 등을 통해 보완되고 지지될 수 있고 지지되어야 하며, 그러므로 개선될 수 있는 상태라고 생각하겠죠. 무엇보다 나 개인이 약한 탓은 아니라고 생각할 것입니다.

약한 게 나쁜 것입니까?

버틀러가 말하고자 하는 것은 우리가 두려워하는 약해짐, 무력해짐 등이 우리를 구성하는 필수 조건이라는 사실입니다. 시간의 흐름을 거스를 수 없듯이, 우리는 우리가 약하다는 사실도 부정할 수 없습니다. 인간은 본래 취약한 존재입니다. 마치 '취급주의' 이삿짐처럼요. 인간은 다치고 아프고 상처 입기 쉬워요. 몸도 마음도 취약한 존재가 인간입니다.

그래서 '강한 인간'은 사실이라기보다 '우리의 바람을 투영하여 조각한 이상'입니다. 자신의 일을 알아서 척척 스스로 다 잘해낼 수 있다는 '독립적' 인간관 역시 사회가 만들어 주입하는 환영이고요. 독립적으로 살아야 하고, 타인에게 필요 이상의 도움을 얻으면 안 되고 그러므로 의존은 좋지 않은 것이라고 배우잖아요. 이런 생각은 서구근대문명에 뿌리를 두고 있는데, 실상을 살펴보면 우리는 늘 의존하며 살아가고 있습니다.

우리는 혼자서는 아무것도 해내지 못합니다. 이 땅에 태어나는 일부터, 걸음마를 하고 초등학교에 들어가서 졸업하기까지의 그 모든 순간을 떠올려보세요. 혼자서 해낸 것이 있던가요? 매번 우리는 누군가의 도움을 받으며 살아왔습니다. 선생님, 아니면 같은 반 친구들의 도움을 받았죠. 대중교통을 타고, 잘 포장

된 도로를 밟아 집으로 향하는 일도 마찬가지입니다. 스스로의 힘으로 이동한다고 생각하겠지만 실은 우리는 늘 우리를 둘러싼 조건과 그 조건을 만들고 유지하는 다른 사람의 힘에 의지하여 살고 있습니다. 우리는 독립적이고 강한 인간이 아니라, 상처 받기 쉽고 약하여 반드시 다른 것들의 지지와 도움이 필요한 의존적 인간입니다. 그렇기 때문에 우리에게는 서로가, 사회가 필요한 거예요. 서로가 서로를 돕고 서로에게 의존함으로써만 배우고 익히며 해낼 수 있기 때문이지요.

그러므로 약한 것은 나쁜 것이 아닙니다. 인간이 약한 것은 당연한 사실입니다. 당신이 강하다고 생각한다면, 그렇게 생각할 수 있는 것은 당신의 어떤 능력이 발휘될 수 있는 조건이 갖추어져 있으며, 그 능력을 사회에서 가치 있는 것으로 인정해주는 또 다른 사람들이 있기 때문입니다. 나 혼자만 있어서는 '강한 인간'이란 개념이 성립되지 않습니다. 반드시 어떤 조건과 이를 평가하는 기준이 있어야 '강하다'고 말할 수 있는 것이니까요.

나의 약함을 포용하기, 변하지 않는 것과 함께

하지만 '약한 것이 나쁘지 않다', '인간은 늘 약하고 할 수 있음과 없음은 상대적이다'라는 사실을 알아도 그 사실을 나 자신에게 적용하고, 수긍하기란 쉬운 일이 아닙니다. 나의 약함을 순순히 인정하고 포용하는 방법을 우리는 배워본 경험이 거의 없기 때문이지요. 학교의 교육은 가능성을 기르는 일이라서, 어떤 의미로는 '할 수 있다'를 세 번 외치고, 정말로 할 수 있을 때까지 반복시키는 훈련소로도 이해할 수 있습니다. 그렇게 열심히 훈련해서 할 수 있게 된 그 힘과 기술을 어느 순간부터는 의심해야 한다면 기운이 빠질 수밖에 없지요.

그래서 아마 우리에게 필요한 것은 어떻게 하면 덜 약해질까, 느리게 약해질까, 다시 강해질까?라는 물음이 아니라, 어떻게 하면 할 수 없음과 할 수 있음을 오가는 방법을 배울 수 있을까? 어떻게 하면 약한 나를 받아들일 수 있을까?인 듯합니다. 무엇보다 사회적인 관심이 필요하고요. 조건이 달라져서 다른 방식의 상호의존과 도움을 요청하는 상태가 되어가는 것이니까요.

어렸을 적에는 많은 일이 낯설고 서투르고, 내가 어떤 사람인지조차 몰라서 힘들었습니다. 어려서 만만해보일까 봐 고민하기도 했고요. 나보다 많이 알고 경력이 더 많은 사람과 나 자신을 비교하며 초조하기도 했습니다. 물론 지금도 그렇습니다. 오히려 한 가지 걱정이 더 늘었죠. 이만큼 나이를 먹었는데, '이 정도도 못하는' 혹은 '그것밖에 안 되는' 사람이 되면 어쩌지 하는 걱정이요. 예전에 배우 윤여정 님의 인터뷰를 보았는데 그때가 막 70세가 되실 때였나 봐요. "70은 나도 처음이라 잘 모르겠어요. 해봐야 알지"라는 내용이었습니다. 네, 변하지 않는 것이 또 있더라고요. 우리에게는 우리의 매해, 매 순간이 늘 처음이고, 한 번도 겪어보지 않아서 낯설고 서투른 것이 자연스러운 일이라는 사실이요. 약해도, 강해도, 어려도, 젊어도, 경력이 많아도 우리는 늘 서툴고 긴장되는 처음과 마주합니다.

어쩌면 취약함, 나약함, 무력함, 잘하지 못함, 잘할 수 없음이라고 하는 것들이 이미 우리 곁에 바싹 붙어 따라다니는데 우리가 그것을 애써 모르는 척하는 것인지도 모르겠어요. 나이를 먹어가는 우리에게 필요한 것은 절대로 약해지지 않겠다는 다짐이 아니라, 변하지 않는 나의 서투름과 약함을 점차 더 많이 그리고 새로운 방식으로 받아들이려는 태도가 아닐까요?

5

너와 나의 상처를 대하는 법

with 칼 야스퍼스

"나도 모를 아픔을 오래 참다 처음으로 이곳에 찾아왔다.

그러나 나의 늙은 의사는 젊은이의 병을 모른다.

나한테는 병이 없다고 한다.

이 지나친 시련, 이 지나친 피로,

나는 성내서는 안 된다."

— 윤동주, '병원' 중

사랑한다는 말로도 위로가 되지 않는

어느 날 한 학생이 '긴 시간 동안 마음이 아픈 사람은 어떻게 해야 할까요?'라는 질문을 해왔습니다. 매우 가까운 사람이 긴 시간 마음의 상처로 너무나 힘들어하고 있다고요.

상처가 시작되는 까닭은 다양하고, 때로 어떤 상처에는 오랜 시간에 걸친 여러 가지 이유가 복합적으로 얽혀 있습니다. 가족, 애인, 친구, 반려동물 등 내가 좋아했던 가까운 존재를 떠나보냈기 때문이기도 하고, 무엇인가가 좌절되는 경험 때문이기도 하고, 몰이해와 비난에 노출되었기 때문이기도 합니다. 이 사건이 전부 엉켜 있는 경우도 있고요. 그에 따라 우리가 서로를 위해 할 수 있는 구체적인 말과 행동은 달라질 수 있습니다. 그러나 무엇보다 중요한 것은 '고통' 혹은 '깊은 괴로움이나 깊은 아픔'으로 불릴 만한 상처를 이해하는 일입니다. 그토록 깊은 상처를 껴안고, 그와 씨름하고 있다는 것이 어떤 일인지를 이해하는 일이요.

그렇지 않으면 우리는 타인의 상처를 위로하거나 그를 지지하기보다 오히려 그를 미워하거나 비난하게 될지도 모릅니다. 그리고 바로 그 사실이 다시 나에게 상처가 되기도 하고요. 내가 했던 그 어떤 노력도 소용없고, 내가 상대에게 어떤 힘도 되어줄 수 없는 것처럼 느껴지기 때문이지요. 그럴 때 나는 아무 일도 할 수 없고, 그 어떤 의미있는 변화를 가져올 수도 없는 존재로 느껴집니다. 무력하고, 그리하여 무가치한 기분이 들지요. 더욱 슬픈 일은 그런 무력감이야말로 고통을 겪는 '당사자'가 빈번하게 겪는 상태라는 것입니다.

전문가들은 우울감과 우울증을 구분합니다. 살아가며 우울한 감정을 느끼는 것이 꼭 질병의 '증상'은 아니라는 뜻입니다. 어제 저녁을 많이 먹고 체해서 그 뒤로도 며칠 소화불량을 앓으며 고생한 것과 특정한 위장'병'이 있는 것이 같지 않은 것처럼요. 마음의 상처도 어떤 것은 넘어져 무릎을 쏠리는 정도의 상처이지만 어떤 것은 '고통'이라는 무거운 이름을 붙일 만한 것입니다. 일반적으로 '너무 고통스러워'라는 표현을 잘 쓰지는 않지요. 대신 '너무 힘들어, 너무 힘들어서 미칠 것 같아'라는 식으로 표현하곤 합니다. 그러나 어떤 표현을 쓰든 그 상처에는 우리가 좀처럼 어쩌지 못하는 깊은 어두움이 있다는 것을 우리는 말하지 않아도 알고 있습니다.

고통의 본성 '아무도 모른다'

고통에 대한 철학적 논의는 서로 관점이나 입장 차이가 있지만 어느 정도 공통점도 있습니다. '철저히 아무것도 아니다'라는 특징인데요. 고통이 존재하지 않는다는 뜻이 아니라 어떻게 하더라도 완전한 포착이나 규정, 이해가 불가능한 것이 고통의 특징이라는 뜻입니다.

전통적으로는 통증과 고통을 구분했습니다. 오늘날 우리라고 크게 다르지 않아요. 통증은 신체의 상처이고 고통은 심리적 상처, 곧 괴로움을 겪는 내적 상태, 마음의 문제입니다. 일반적으로 통증은 영어 pain과 대응하고, 영어 suffering의 번역어는 고통(괴로움)입니다.

하지만 실제로 몸과 마음의 상처가 이렇게 딱 떨어지게 구분되지는 않습니다. '고통'이라는 말 자체에 통증과 괴로움이라는 말이 함께 들어 있는 것처럼요. 신체적 질병이 심해져서 내 직업이 위태롭게 되거나 그동안 사람들을 만났던 방식으로는 더 이상 사람들과 교제할 수 없다면, 그때 그 질병은 단지 통증만이 아니라 고통으로 느껴지니까요. 게다가 같은 신체적 상처라 해도 그 사람이 어떤 환경에서 어떻게 자라왔고, 무엇을 더욱 가치 있다고 느끼는지, 그리고 남들이 자신에 대해 어떻게 평가하는지에 따라 누군가는 그 상처를 더욱 괴롭게, 고통스럽게 경험합니다. 곧 몸에 일어난 일에 마음의 반응이나 이해가 영향을 미칩니다. 마음이 아플 때 정말 가슴이 콕콕 찌르는 듯한 통증이 함께 느껴지지 않던가요? 그때 그 가슴의 아픔은 통증인가요, 고통인가요. 때로는 만성 질환이 단지 질병이 아닌 삶의 괴로움을 낳기도 합니다. 그러므로 고통은 몸의 상처, 마음의 상처로 딱 잘라 나눌 수 없고, 몸과 마음은 함께 영향을 받고 함께 작용합니다. 아픔은 몸과 마음 전체에 걸쳐 있는 것이지요.

즐거움, 만족감과의 대조를 통해서도 고통의 또 다른 특징을 알 수 있습니다. 흔히 사람들은 쉽게 익숙해진다고 하지요. 심지어 복권이 당첨되어도 그 기쁨은 2개월 남짓 지속될 뿐이라고 합니다. 사람은 적응의 동물이라 만족스러운 상태에 빠르게 적응하여, 그 상태를 아주 당연한 것처럼 생각하게 되기 때문입니다. 그러나 결코 익숙해지지 않는다는 점이 바로 고통의 특징입니다. 익숙해진 것은 일상 속으로 녹아들지만, 고통은 그렇지 않습니다. 그래서 고통을 느끼는 사람은 이전과 같은 일상을 꾸려갈 수 없습니다. 여러 사건, 생각, 느낌이 자연스럽게 '오늘 하루', '나의 삶'으로 통합되는 것이 일상이거든요. 나의 일상을 제대로 꾸려갈 수 없을 때 우리는 고통에 더욱 민감하게 반응하게 되고, 시간이 지날수록 고통은 더욱 커집니다.

무엇보다 고통을 고통으로 만드는 핵심은 오직 '나만 그렇게 느낀다'는 점입니다. 그리고 그 어떤 표현으로도 이 고통을 타인에게 정확하게 전달하거나 설명하는 일은 불가능합니다. 아무도 모르는 거죠, 내가 얼마나 그리고 어떤 식으로 이 괴로움을 겪고 있는지. 그러니 공감도, 이해도 좀처럼 구하기 어렵습니다. 그래서 고통을 느끼는 사람은 주변에 아무리 사람이 많아도 고립된 기분을 느낍니다. 아무도 내 마음을 모르니까요. 그러니 아플 뿐만 아니라 깊이 외로워집니다.

그런데 더욱 미치고 팔짝 뛸 것 같은 사실은, 아무도 모른다의 그 '아무도'에 고통을 겪고 있는 '나 자신'까지 포함된다는 거예요. 아니 내가 이렇게 괴로운데 그걸 모른다고요? 내가 괴롭다는 사실을 모른다는 것이 아니라, 도대체 왜 이렇게 되었는지 나조차 이해할 수 없어서 속수무책으로 당하게 된다는 뜻입니다. 처음의 발단을 모른다는 말이 아닙니다. 너무 힘들 때를 떠올려보세요. '도대체 왜 나에게 이런 일이, 도대체 왜 이렇게까지'라는 말을 마음속으로 백 번이고 천 번이고 되뇌이잖아요. 무슨 일이 일어났는지는 알겠어요. 친구가 나를 배신했고, 오히려 사람들은 나를 비웃고 나의 해명은 조금도 공감받지 못하고… 다 압니다. 하지만 왜 내가 이런 일을 겪을 수밖에 없는지, 왜 이런 일이 하필 내 인생에서 일어나야 하는지, 왜 이렇게까지 아픈 건지, 나는 결코 그 답을 찾을 수 없습니다.

더욱 심각한 일은 이 고통이 언제까지 지속될지, 어떻게 하면 이 고통이 사라질지 모른다는 거예요. 알 수 있으면 좀 낫지 않겠어요? 어떻게든 그때까지만 버티면 된다는 희망이 생기니까요.

그런데 그런 것이 불가능하기 때문에 고통입니다. 그래서 작고 얕은 상처가 아니라 고통이 되는 거예요. 도무지 어떻게 해도 이해할 수 없고, 그러므로 당사자가 어떤 식으로든 컨트롤 할 수 없으니까 고통입니다. 그래서 나만이 아는 괴로움이면서 동시에 나에게도 너무 낯설고, 정말 모르겠고, 그래서 지금 내가 겪는 일에 대해 어떤 긍정적인 반응, 예를 들면 의미를 부여하거나 그래도 희망을 품는 일 같은 것을 할 수 없습니다. 이것이 고통을 겪는다는 일의 정체입니다.

고통이 데리고 오는 친구

20세기 독일 철학자이자 유신론적 실존주의자로 잘 알려진 칼 야스퍼스Karl Jaspers는 이 같은 고통의 특성 때문에 과거에는 사람들이 고통을 죄에 대한 대가, '벌'로 이해했다고 지적합니다. 거칠게 말하면 '전생에 내가 나라를 팔아 먹었나 봐' 같은 생각이 드는 것이죠. 야스퍼스는 특이한 이력을 지닌 철학자인데, 처음에 법학을 공부했다가 곧 의학으로 진로를 틀었습니다. 그리고 정신분석학, 심리학에 관심을 보이다가 최종적으로는 철학을 공부하게 되었죠. 그래서 그는 자연과학적으로 다뤄야 하는 정신질환과 그렇게 다뤄서는 결코 해소될 수 없는 내면의 문제에 깊은 관심을 가졌습니다.

당연한 말이지만, 인생의 고통은 죄를 지었기 때문에 발생하는 것이 아닙니다. 야스퍼스도 이를 고통에 대한 잘못된 인식으로 분류합니다. 그런 생각은 고통에 비난을 더할 뿐입니다. 그러나 지금도 이런 사고방식이 남아 있는 것처럼 보입니다. 우울증을 개인의 의지박약으로 돌리는 태도 같은 것들이요. '네가 그렇게 나약하니까 그런 거야, 너만 힘들어? 세상 다 힘들어. 사회 나와 봐, 너보다 힘든 사람 훨씬 많아. 그 정도는 아무것도 아니야. 왜 정신을 못 차리고 그래, 다 마음먹는 대로 되는 거야. 네가 안 하는 거 아니야?' 등등…. 우리 사회에서 매우 쉽게 찾아볼 수 있는 반응이지요.

불행은 혼자만 오지 않는다는 말이 있습니다. 고통도 친구들을 데리고 옵니다. 죄책감과 비난, 고립감, 무력감이라는 이름의 친구들이지요. 처음에 사람들은 괴로워하는 사람들을 안쓰러워하고 도와주고 싶어 하지만 시간이 지나면 비난의 태도를 보이기 쉽습니다. 어떻게 대해야 할지 잘 모르겠거든요. 내가 위로해 줘도 바뀌는 건 없는 것 같고요.

게다가 고통을 안고 있는 사람은 이전과는 같은 생활을 유지하기 어렵습니다. 가벼운 인사조차 너무 버겁게 느껴지기도 하고, 웃음이 잘 나오지 않고, 일상적인 업무를 수행하거나 인간관계에 꼭 필요한 행동을 하는 것조차 어렵게 느끼게 됩니다. 그래서 자기도 모르게 점차 그런 부분을 놓아버리게 되기도 하죠. 옷차림에 신경 쓰지 못하게 된다거나, 친구의 연락에 재깍재깍 답하지 못하게 되는 것 등이요. 내가 지금 너무 힘들어서 누군가에게 응답을 한다는 일 자체가 너무 고된 거예요. 혹은 겉보기에는 달라질 것 없는 생활 패턴을 지속하더라도 상대적으로 많은 일에 무감각해집니다.

하지만 사람들은 타인의 고통을 그 사람과 꼭 같은 방식으로 느끼지도, 이해하지도 못하기 때문에 겉으로 드러나는 그들의 달라진 태도, 평소보다 떨어진 업무 능력, 기본이라고 생각하는 예절이나 배려를 무시하는 것 같은 행동에 실망하고 분노합니다. 특히 잠시간의 일이겠거니 생각했다면, 시간이 지나도 변하지 않는 모습에 이제는 더 이상 못 참겠다고 생각하게 되지요. 친밀한 사이라면 이런 일이 더욱 괴롭게 느껴질 수 있습니다. 지금까지 익숙했던 관계의 균형이 무너지고, 배려나 기쁨의 순간을 느끼기는 어려운데 그 사람이 고통스러워하는 것을 그저 지켜만 보아야 하니까요. 그래서 고통을 겪는 당사자는 더욱 죄책감을 느끼기도 합니다. 나 때문에 상대방까지 힘들어지는 것 같으니까요. 자기 자신이 고통과 고통에 따라붙는 부정적인 특징을 야기하는 원인처럼 느껴지는 것이죠. 서로가 서로에 대해서도, 자기 자신에 대해서도 무력감을 느끼게 되는 것입니다.

기억하세요,
지금이 나의 전부는 아니라는 것을

　이런 슬픈 관계로 치닫는 일을 방지하는 방법 중 하나는 타인이 이해하지 못할 이유로, 그리고 나조차 알지 못할 이유로 오래 앓는다 싶으면 반드시 전문가의 도움을 받는 것입니다. 물론 전문가가 고통을 제거하거나 문제를 해결하지는 않습니다. 다만 고통이 내 삶 전부를 삼켜 버리지 않도록 도와줄 수는 있습니다.

　야스퍼스에게 가장 중요한 것 역시 고통이 나 대신 내 삶의 주인공이 되지 않도록 하는 일입니다. 그 도무지 알 수 없는 고통, 아무리 애를 써도 달라지는 것이 없다는 무력감이나 죄책감은 내가 '한계 상황'에 놓여 있다는 신호입니다. 한계 상황이란 지금까지 살아오던 것처럼 흘러가는 것이 불가능할 때, 이 상황을 내치거나 제거하는 일이 불가능할 때, 그러므로 이 상황마저 다시 나의 삶으로 끌어안고 살아가야 할 때입니다. 과거와는 달라질 수밖에 없지만, 과거와 지금 이 막다른 곳에 몰린 듯한 느낌마저 모두 나라는 사람, 나의 인생 안에 속한다는 것을 결국은 받아들이고 소화하며 살아갈 수밖에 없습니다.

　그런 의미에서 고통은 우리 삶에서 언제든 마주할 수 있는 것이며, 고통을 겪을 때 가장 중요한 것이자 우리가 얻을 수 있는 가장 큰 결실은 '살아남는' 일입니다. 고통과 함께 살아가고, 살아남을 때 비록 우리가 원하지 않았을지라도 우리의 한계선은 변화하게 됩니다. 나라는 집이 그렇게 커지는 셈이죠.

그러나 소가 네 개의 위를 가지고 있어 온전히 소화하려면 계속해서 씹고 또 씹을 수밖에 없는 것처럼 우리가 이런 한계 상황을 나의 것으로 받아들이고 소화하는 일, 그러면서 이전과 같은 사람이지만 또 다른 사람이 되어가는 일은 오랜 시간과 오랜 되새김을 요구할 수 있습니다. 그 와중에 우리는 무척 많은 시도를 하겠죠? 이렇게도 생각했다가, 저렇게도 해봤다가, 그러다 보면 화가 솟아오르지요. 나 자신에 대해서도 이 고통에 대해서도 이따위 세상에 대해서도. 그런 화가 자신의 삶 전체를 지배해서, 내가 아니라 홧덩이가 세상을 살게 될 때가 있습니다. '나=고통, 나의 인격=고통으로 일그러진 분노'만이 아닌데도 어느새 '아, 나는 원래 이런 사람이구나'라고 철석같이 믿게 되는 것이죠.

그래서 내가 미처 돌보지 못하는 내 전체적인 상황과 내 삶에서 고통이 아닌 다른 순간들을 바라보면서 이 시간을 통과할 수 있도록 지원하는 전문가가 필요합니다. 방법은 다양하지만, 가장 중요한 것은 혼자 힘으로 힘들 때는 반드시 타인, 그것도 그런 역할을 하도록 정해진 전문가에게 찾아가는 일입니다. 그리고 전문가의 지시사항을 따르세요. '내가 생각할 때 이 정도면 괜찮은 것 같은데', 그런 건 없는 겁니다. 이미 괜찮지 않아서 도움을 요청한다는 사실을 잊으면 안 됩니다.

고통이 우리의 관계를 지배하지 않도록

그렇다면 고통 당사자가 아닌 상대방 측에서는 어떤 행동을 할 수 있을까요? 무엇보다 방금 이야기한 고통의 특성을 알아두면 좀 낫겠죠. 그리고 섣불리 일반화하는 말에 주의할 필요가 있습니다. '누구나', '모두가', '남들은', '원래', '세상이란 게'… 이런 표현이요. '너만 힘든 거 아냐. 다들 힘들어. 인생이 원래 그래' 같은 말은 맞는 말이지만 도움은 안 되는 말입니다. 일반적인 것이 '절대적인 것'은 아니고, 한 사람의 고통은 오직 그 사람만의 것입니다. 똑같은 사건을 겪었어도 그의 고통은 내가 느끼는 것과 결코 같을 수 없습니다. 고통은 특정 사건이나 문제 자체가 아니라, 자신의 삶에서 그 일을 겪고 소화해나가며 벌어지는 모든 것에 연관되어 있으니까요.

지친 마음을 질질 끌면서도 일상을 유지하려고, 민폐가 되지 않으려고 이 악물고 애쓰는 중인 당사자에게 '다 그러고 살아' 같은 말은 "너의 고통은 별것 아니다"라는 말로 들리기 쉽습니다. 다들 저마다의 고통을 안고 살아가고 있구나, 나의 고통은 또 다른 누군가의 고통과 닮은 얼굴을 지녔구나, 등 내 고통의 의미를 일반화해서 정리하고 수용하는 말은 고통의 당사자가 긴 터널을 다 빠져나와서 스스로를 돌아볼 힘이 생겼을 때, 그 자신에게 할 수 있는 말입니다.

무엇보다 우리에게는 적당한 거리를 두는 일이 필요합니다.

상대를 비난하고 나마저 같이 무너져, 관계의 든든한 축을 허물지 않을 만큼의 거리요. 고통이 우리의 관계를 전부 삼키지 않도록 나의 일상을 꾸려갈 수 있는 약간의 간격이 우리에게는 반드시 필요합니다. 곁에 있어줘야 한다는 마음에 감당하지 못할 일을 무리하게 도맡으려 한다면 상대가 미워지고 싫어지기 쉽거든요. 깨지지 않는 바위를 계속 두드리는 계란이 되면 무기력함과 좌절감을 느끼게 되니까요.

상대를 위해서라도 상대에게 마음을 쓰는 나 자신을 뒷전으로 두지 마세요. 내가 지쳐버리면 나중에 그 사람을 위해 정말 힘을 내야 할 때 손 하나 까딱 못할 수도 있으니까요. 고통과의 동거는 어쩌면 장기 레이스입니다. 그러니 지금 당장, 너무 애써서 무엇인가를 하려 하지 말고 감당할 수 있는 한에서 평범하게 곁에 있어주세요. 먹고 마시고 걷고 햇볕을 쐬고…. 상대가 잊고 있을 작고 사소한, 그러나 가장 필요한 일상의 순간을 함께하면서요.

인생의 길을
이렇게 걸어가는 게 맞을까요?

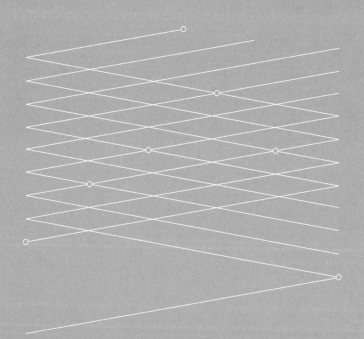

6

완벽주의와 번아웃

with 도가 철학

예능 프로그램에서 아이돌 가수가 이런 이야기를 하더라고요. 자기가 얼마나 해야 열심히 한 것인 줄 몰라서 계속 연습을 했다고요. 코피가 나면 그제야, '아 오늘 연습 좀 했나 보다' 싶었다고 말이죠. 그렇게 계속 살아왔더니 아직도 어린 나이지만 몸이 성한 곳이 없다고 했습니다. 마음이 아팠어요. 코피를 흘려야 겨우 노력했다고 느낄 정도로 자신을 몰아붙였는데도 자신이 충분히 노력했다고 생각할 수 없다니. 그럼 코피를 흘리지 않을 정도의 노력은 충분한 노력이 아닌가요?

실제로 우리 사회는 몸이 부서지게 노력하는 것을 당연한 삶의 스펙처럼 요구하는 듯합니다. 또 다른 아이돌 스타는 이런 말을 했습니다. 생각이 많아질 때 주변에서 '생각이 많아? 너 되게 시간이 많은가 봐. 여유 있네, 아직 살 만하네'라는 말을 들었다고요. 방송을 보던 제가 다 서럽던데요. 그런 말은 그이가 하는 고민이 쓸데없는 것이며 배부른 소리라는 뜻이죠. 진지하게 생각할 가치가 없다고 여기는 말이고요. 그래서 그는 그런 시간이 찾아올 때마다 자신을 더 몰아붙이며 노력했다고 합니다.

비단 아이돌의 이야기만은 아닙니다. 많은 사람들이 자신을 몰아붙여 노력하는 일을 당연하게 여기고, 그러지 않을 때는 자신이 제대로, 열심히 살고 있지 않다고 느낍니다.

노력의 끝은 번아웃?

세계보건기구WHO는 2019년 '번아웃 증후군Burnout Syndrome'을 만성적 직장스트레스 증후군으로 규정했습니다. 의학적 질병까지는 아니지만 건강에 커다란 영향을 줄 수 있는 증상이라는 것인데요. 번아웃 증후군은 소위 '하얗게 불태운 후'의 소진 상태를 의미합니다. 열심히 노력한 사람이 겪게 되는 극심한 신체적·정신적 피로 상태로서 의욕이 떨어지고 공감 능력이 저하되며, 부정적 사고는 강화됩니다. 그러니 성격도 평소 자신의 모습과 달라지고, 증상이 심화되면 점차 모든 것을 회피하려는 태도를 갖게 된다고 하네요. 처음의 스트레스 요인뿐 아니라 모든 것이 다 싫어지고, 다 때려치우고 싶어지는 것이죠. 친밀했던 인간관계에 소홀해지는 것은 물론이고요. 밀레니얼 세대는 앞선 세대에 비해 더 어릴 적부터, 높은 확률로 번아웃 증후군을 겪는다고 합니다. 기대치도 더 높고 경쟁도 더 치열하기 때문입니다.

잘하고 싶어서 노력했는데 그 노력의 끝이 다 그만두고 싶은 상태가 되는 것이라니 참 허탈하지요. 생각해보면 열심히 노력하라는 말은 많이 들었지만 열심히 쉬라는 말은 별로 듣지 못한 것 같아요. 죽을 것처럼 힘들다고 말해도 돌아오는 답변은 '남들도 다 그래', '나 때는 더 힘들었어', '이 정도 가지고 뭘 그래? 다른 애들 어떻게 하는지를 봐' 같은 말들입니다. 어쩌면 한국 사회는 단체로 '투 머치too much 노력 증후군'을 겪고 있는지도 모르겠어요. 정신력이 부족하다는 표현도 그런 생각을 보여줍니다. 한 사람이 할 수 있는 노력을 마치 마르지 않는 샘처럼 생각하는 것 같아요. 노력에는 한계가 없는 것처럼요.

노력에도 안전벨트가 필요해

그러나 노력에는 분명 한계가 있습니다. 일단 노력을 통해 성취할 수 있는 것에 한계가 있습니다. 노력하면 불가능한 일이 없다는 말은 노력을 북돋는 약이기도 하지만 곰곰이 따져보면 무척 오만한 말일 수도 있습니다. 마치 나만의 노력으로 모든 것을 얻을 수 있다는 것처럼 여겨질 수 있거든요. 그러나 하나의 일이 성취되기까지는 많은 조건이 어우러져야 합니다. 예를 들어 학교 운동회나 회사 야유회의 성공은 그 일을 준비하는 사람의 노력만이 아니라 날씨라는 자연조건이 뒷받침될 때 가능하죠. 나의 노력은 일이 성공하기 위한 무수한 조건 중 하나일 뿐입니다.

달리 말하면 내가 아무리 노력한다고 해도 그 노력을 통해 목표한 것을 반드시 얻으리라는 보장은 어디에도 없습니다. 우리는 종종 이 사실을 잊고 노력이 만병통치약인 것처럼 생각하고, 그런 만큼 노력에 한계선을 긋기 어려워집니다. 내가 조금만 더 노력하면 얻을 수 있을 것 같으니까요. 그래서 노력을 강조하는 태도는 종종 노력으로 바꿀 수 없는 사회구조적인 조건을 가리기 위한 위장 장치가 됩니다.

반대로 그 사실을 알고 있기 때문에 이를 악물고 노력하기도 합니다. 내가 소위 '금수저'가 아닌 이상, 나를 둘러싼 조건을 바꿀 수 있는 유일한 요소는 노력뿐인 것 같거든요. 가진 게 없는 대신 노력이라도 많이 해야 할 것 같은 기분이 듭니다. 그러나 노력의 재료인 나의 에너지에는 한계가 있습니다. 인간은 휴식 없이 일할 수 있는 기계가 아니니까요. 사실 기계도 무조건 계속 일할 수 있는 것은 아닙니다. 기계가 일을 잘하기 위해서는 조건이 맞추어져야 합니다. 컴퓨터가 많은 곳은 컴퓨터의 정상 상태를 유지하기 위해 항상 온도와 습도를 조절합니다. 컴퓨터를 끌 때에도 강제로 종료하면 좋지 않습니다. 적절한 과정을 밟아 전원을 꺼야 합니다. 인간의 노력도 마찬가지입니다. 정말로 쉼 없이 끝없는 노력을 할 수는 없고, 노력을 할 때에도 여러 가지 조건을 참작할 필요가 있습니다.

그러나 내 노력의 적정치는 얼마만큼일까요? 무조건적이고 무제한적인 노력을 강요하는 사회적 분위기 때문이기도 하지만 그렇지 않더라도 '당신의 노력, 정확하게 여기까지'라고 선을 긋기는 어렵습니다. 고등학생이 공부하는 시간만큼 유치원생에게 요구하지는 않잖아요. 노력의 적정치는 그 사람의 상황, 상태, 조건에 따라 달라질 수밖에 없습니다.

그런데 사실은 나도 나 자신의 상태를 완벽하게 파악하기는 어렵습니다. 지금 이렇게 힘들고 어려운 것이 고비를 넘어가는 과정이어서 조금 더 노력이 필요한 것인지, 아니면 정말 지쳐서 잠깐 쉬는 게 좋겠다고 나 자신이 신호를 보내고 있는 것인지 구분하는 일은 어렵거든요. 근력운동을 할 때, 더 이상 힘들어서 못할 것 같은 그 순간 한 번 더 하면 좋다고 하잖아요. 혹시 내가 그렇게 한 번 더 치고 올라가야 되는 순간을 못 견디고 뒤로 물러서고 있는 것은 아닐까요?

차라리 중간고사, 기말고사, 토익 같은 시험이라면 시험 교재나 시험 범위, 노트 필기, 출제 경향 등 확인할 수 있는 평가 기준과 척도가 있으니 좀 낫습니다. 그러나 인생의 노력은 그렇게 선명한 판단 기준이 보이지 않습니다. 얼마나 노력해야 내가 안심하고 살아남을 수 있을까요? 얼마만큼 노력하면 회사에서 인정받을까요? 얼마나 노력해야 행복해질까요? 얼마만큼 노력하면 사람들이 나를 좋아해줄까요? 이런 질문에는 쉽게 대답할 수가 없지요. 누가 힌트를 좀 주면 좋겠는데 말이죠.

무위, 무리하지 않는 노력

'노자老子'가 닦고, '장자莊子'가 그 꽃을 피웠다고 하는 중국 도가道家 철학에서는 그 적정선을 '무위無爲'라는 말로 표현합니다. 무위는 도가 철학에서 가장 이상적인 삶의 방식이지요.

'무위'는 사실 쉬운 이야기는 아닙니다. 게다가 도가 철학은 주요 주장을 대개 비유나 우화 등을 통해 이야기해서 그 내용을 딱 꼬집기가 더욱 어렵기도 하고요. 무위를 가장 쉽게 이해하는 방법은 그 반대말인 '유위'를 살펴보는 것입니다. 유위(有爲)란 무엇인가가 되려고 하고, 무엇인가를 하려고 하며 무엇인가를 이루려고 하는 태도입니다. 도가는 이 유위의 태도를 비판하며 무위의 태도로 살라고 합니다. 그것이 도, 곧 세계의 이치에 따르는 삶이라고요.

그러나 삶에서 무엇을 위해 노력하는 일을 아예 제거할 수는 없습니다. 하다못해 밥을 먹고 잠을 자고 화장실에 가는 일조차 노력이 필요하니까요. 우리는 진학, 인간관계, 진로 등 지금까지 많은 노력을 해왔고, 지금도 나의 행복과 미래를 위해 노력하며 살고 있습니다.

도가의 무위 사상은 아무것도 하지 않고 가만히 있으라거나 노력하지 말라는 뜻은 아닙니다. 살아 있는 존재가 그 시간의 흐름에 따라 살아가려는 노력은 자연스러운 거예요. 누구라도 노력을 아예 하지 않을 수는 없습니다. 도가에서 경계하는 유위는 자신의 삶과는 어긋나는, 자신과는 점점 더 멀어지는 노력입니다. 곧, 유위는 나를 인정하지 않고, 나를 지우며 다른 것이 되려고 노력하는 일입니다. 그러므로 무위는 내 삶이 아닌 것에 '억지로, 무리하지 말라'는 의미입니다. 노력이 단지 수고로운 게 아니라 괴로워지는 순간은 대개 내가 나와 멀어지는 일과 맞닿아 있습니다.

괜찮아, 그런 노력은 안 해도

그러나 지금 내가 하는 노력이 나로 살기 위해서 하는 노력인지, 내가 아닌 남이 되려고 하는 무리인지 어떻게 구분할까요? 노력에 속할 수도 있지만 금세 '무리'로 변질되는 과한 애씀에 대한 힌트를 찾아봅시다.

바꿀 수 없는 것을 뜯어고치려 하기

세상에는 내가 선택할 수 없고 변화시킬 수 없는 조건이 있습니다. 예를 들면 생년월일, 혈연관계, 유전 정보 등이 그렇지요. 장자는 작은 새와 대붕(전설 속의 아주 큰 새)을 비교하며 진실로 나에게 만족한다면, 삶을 즐기는 것은 작은 새나 대붕이나 마찬가지라고 이야기합니다. "진실로 자기 본성에 만족하면 대붕이라 해서 작은 새에게 스스로 귀하다 생각할 것도 못 되고 그렇게 되면 작은 새도 천지[대붕이 도착할 목적지]를 부러워할 필요가 없다. 그러므로 크고 작음의 차이는 있지만 그 소요逍遙[노닐음]는 한 가지이다.(장자)" 작은 새가 대붕과 같지 않은 자신을 초라하게 생각할 이유도 없고, 작은 새에 비해 대붕이 난 더 크다고 뻐길 필요도 없다는 것이지요. 동그라미가 네모를 부러워할 필요가 없고, 네모가 잘난 척할 이유가 없는 것처럼요. 장자는 그저 저마다 자신의 모습대로 살 뿐이며, 그 자신의 모습대로 충실한 삶을 누리고 있는지가 중요하다고 말합니다.

변하지 않는 것을 바꾸려고 노력하는 일은 일견 대단한 노력 같지만 다른 한편으로는 자신을 부정하는 일과도 닿아 있습니다. 지금의 자신으로는 삶을 만족스럽게 살 수 없다고 생각하는 것이니까요. 나를 더 괴롭게 하는 것은 변하지 않는 무언가보다 그 변하지 않는 것을 바꾸려고 무리하게 노력하는 데서 오는 피로감일지도 모르겠습니다. 아무리 애를 써도 계속 바뀌지 않는 것에는 무력감을 느끼기 쉽거든요.

나와 멀고, 내가 바꿀 수 없는 것 중에 가장 대표적인 것은 아마도 타인의 마음이 아닐까 싶어요. 나에 대한 타인의 평가도 그렇고요. 물론 바뀔 수 있지만, 그렇다고 결코 내 뜻에 따라 바뀌는 것은 아닙니다. 내 뜻대로는 바꿀 수 없고 변하지 않는 일인데 그에 따라 자기 자신을 평가하며 스스로를 괴롭힐 필요가 뭐 있겠어요. 지금 내가 하고 있는 노력이 혹시 내가 바꿀 수 없는 것을 두고, 그것을 기준 삼아 나를 부정적으로 평가하고 뜯어고치려 하는 것은 아닐까요?

좋아하는 일이 싫어질 정도로 노력하기

도가는 자신의 모습에 만족하라고 합니다. 그렇다면 좋아요,

내가 작은 새라고 합시다. 나는 엄청 대붕이 되고 싶고, 대붕과 나를 비교하는 사람들의 평가가 신경 쓰이지만 큰마음먹고 넘어가기로 합니다. 그렇다면 내가 선택했고 내가 스스로 바꿀 수 있는 것에 대한 노력은 항상 적절한 노력일까요? 그 과정에서 내가 충분히 만족스럽고 행복하다면, 그런 노력은 계속해도 좋지 않을까요?

장자는 이 생각에도 함정이 있다고 말합니다. 언제라도 변할 수 있는 것에 집착할 수 있기 때문입니다. 내가 충분히 만족스럽고 행복한 상태는 어떤 상태이고, 내가 선택했으며 스스로 바꿀 수 있는 것은 어떤 것인가요? 시간이 흐르며 상황이 바뀌고 나의 신체가 변하고 감정이 변하듯이, 내가 선택하고 바꿀 수 있던 것, 내가 만족했던 상태 또한 변할 수 있습니다. 기쁨도 언제까지 영원할 수는 없어요. 사랑이 변하듯, 꿈도 변하고 들일 수 있는 노력의 모습이나 정도도 변할 수 있습니다.

그 사실을 인정하지 않으면 한때 내가 사랑했던 것이 나를 짓누르는 거대한 벽이 될 수도 있어요. 장자는 세상의 모든 것은 고정되어 있지 않으니 계속 변하고, 지금 중요하고 소중하다 여기는 것 또한 언제든지 변할 수 있는 상대적인 것임을 잊지 말라고 합니다. 상대적인 것을 절대적인 것으로 착각하여 붙들리지 않아야 한다고요.

우리의 노력도 마찬가지입니다. 열심히 노력해서 내가 좋아하는 일을 예전에 했던 만큼으로 유지하고 싶거나 혹은 지금보다 더 잘하고 싶을 거예요. 그 마음은 나쁘지 않습니다. 좋아하는 것을 추구하는 마음은 자연스러운 것이니까요. 그러나 싫어질 정도로 노력하지는 않아도 됩니다. 싫어진다는 것은 정말로 '너무 싫어, 꺼져!' 같은 식일 수도 있지만 그 일이 너무 두려운 상태도 포함됩니다. 그런 마음이 드는 것은 내가 무리하고 있다는, 그래서 억지로 애쓰고 있다는 신호입니다. 여전히 내가 그 일을 무척 좋아하고 있어도 마찬가지예요. 그런 기분은 내 삶이 내게 보내는 알림 메시지입니다. 지금까지 너는 충분히 노력했고, 잠시 휴식이 필요한 것 같다고요. 좋아하는 일이 싫어지고 무서워진다는 것은 지금 그만큼의 여력이 되지 않는 나의 삶을 억눌러 끼워 맞추고 있는 것입니다.

건강한 식생활은 좋은 것이지만 평소에는 그렇지 않았던 내 식단을 갑자기 끼워 맞추거나, 불량식품 맛이 너무 그리워지는데 나를 계속 억누르면 '아 모르겠다, 건강이고 나발이고 다 때려치워!' 하면서 폭식하게 되잖아요. 너무 자신을 압박하면 이미 깨달았던 좋은 방향, 잘 하던 방식을 잊고 폭주하기 쉽습니다. 자신의 온도와 속도에 잘 맞지 않는데 스스로를 기다려 줄 생각은 하지 않고 계속 '강강강'의 세기로 밀기만 할 때, 노력은 무리가 됩니다.

나로 살기 위한 노력인가? 물어보기

그럴 때는 그 신호를 그대로 받아들이면 됩니다. 한동안 안하고 좀 쉬는 거죠. 그러나 직장 같은 곳을 바로 쉬거나 그만두는 것은 대단한 용기가 필요합니다. 그래서 노력이 무리가 되는 신호를 미리 알아차리려고 하는 것이고, 중간중간 짧은 휴식을 규칙으로 만들기도 하는 것이죠.

그러나 이미 번아웃 상태가 되어버렸고 바로 그만둘 수 없다면 어떻게 해야 할까요? 장자는 무엇에도 얽매이지 말라고 하니까 아마 그만두라고 할 것 같아요. 장자에게 내 삶을 갉아먹으면서까지 꼭 '해야 하는' 것은 없을 테니까요. 그러나 쉽게 그만두기 어려운 현대인의 입장에서 타협하자면, 조금 다른 방식으로 하면 됩니다. 예전에 하던 것과는 다르게요. 7시간 하던 것을 2시간 할 수 있고, 열 번 하던 것을 한 번 할 수도 있습니다. 가능하면 다른 사람이나 잡다한 고민과는 거리를 두고 바로 눈앞의 아주 사소한 일들에 집중할 수도 있습니다. 밥을 먹고, 햇빛을 보고, 산책을 하고, 계절과 함께 바뀌는 색을 알아차리는 것들이요. 여행을 가도 좋아요. 싫은데 억지로 '꼭' 붙들고 있지 않아도 됩니다. 놓아버리는 것도 너무 싫으면 그때는 그냥 '느슨하게' 있으면 됩니다.

그러다 영영 못 돌아가면 어떻게 되냐고요? 억지로 무리하다가 싫어지고 무서워진 상태가 고정되어버리면 그게 바로 영영 못 돌아가는 거예요. 그때 내가 하는 노력은 내가 사랑했던 것에 대한 노력이 아니라 내가 싫어하는 것에 대한 노력이 될 테니까요. 그래서 무위한다는 것은 내가 지켜왔던, 지키려 했던 것을 그만두는 일이기도 합니다. 무위란 변화하는 삶을 살아가는 일이니까요. 그 변화의 모든 과정을 기꺼이 즐기며 음미할 수 있다면 가장 좋겠지만 사람이 어떻게 맨날 즐기기만 하겠어요. 즐길 수 없을 때, 너무 힘들 때는 그저 버티는 것으로도 좋습니다. 내가 지금 즐기지 못하고 그저 버틴다고 해서 내가 나쁜 것이 아니고, 지금까지와는 다른 방식으로 다른 길을 간다고 해서 내가 노력하지 않는 것이 아닙니다.

나는 여전히 노력하고 있습니다. 나는 변화하는 나를 느끼고 이해하고 사이좋게 같이 가려고 노력하는 중입니다. 두 가지만 기억하세요. 하나, 다른 방식의 노력은 노력이 아닌가? 둘, 이것이 나로서 살아가기 위한 노력인가?

7

돈을 버는 것과 어른의 의미

with 주희

#지금은과정중 #세상의모든준비생 #주희 #성리학 #경제적독립
#어른이된다는것 #쓸모있는사람 #돈이되지않는노동 #독립보다중요한관계

'부모님과 함께 살고 있는데 성인이 되어도 부모님에게 의지하는 것이 죄송스럽게 느껴져요. 다른 친구들은 이미 취업을 했는데 저는 아직이에요. 어서 독립해야 할 것 같은 압박감을 느낍니다. 제가 하고 싶은 일을 위한 과정이라고 생각했지만 마음이 편하지 않습니다. 지금이라도 당장 생계에 보탬이 되는 일을 해야 하지 않을까요?'

이 압박감에는 몇 가지 잠금 해제 단계가 필요한 것으로 보입니다. 이 문제의 성격은 의외로 복잡하거든요. 왜냐하면 나이는 어리지 않지만 돈을 벌지 않고 다른 가족과 함께 사는 경우도 많으니까요. 가사노동만 전담하거나, 은퇴를 해서 더 이상 급여를 받지 않는 경우 역시 마찬가지입니다. 이 경우에도 우리는 빨리 독립해야 한다고 생각하게 될까요? 독립이란 무엇일까요?

잠금 해제 1단계, 돈 문제가 아니다

'빨리 독립해서 빨리 돈을 벌어야 해.' 각종 자격증이나 공무원 시험에 도전하거나, 바로 취업하는 대신 진학을 선택하거나,

혹은 열심히 일하지만 생계가 전부 감당이 되지 않는다거나, 분명 무언가를 열심히 하고 있지만 그 일이 경제적 성과로 바로 이어지는 않는 경우는 많습니다. 특히 자신의 진로를 위해 필요한 과정이 남들보다 긴 시간을 요구하기 때문에 다른 사람보다 성과가 늦게 나오거나, 성과를 눈으로 확인하기 어려운 길을 걷고 있을 때는 더욱 이런 생각을 자주, 강하게 하게 되지요. 할 일을 하며 살다가도 문득 이런 생각에 붙들리게 되기 쉽습니다.

최근 저와 이런 이야기를 나눈 친구는 이공계 대학원생입니다. 보통 이공계 대학원을 졸업하면 그 이상 진학하지 않는 한 취업을 하게 되는 것이 자연스러운 수순입니다. 취업을 위해 진학하기도 하고요. 그러니까 독립을 하기 위한 실질적인 과정을 밟고 있고, 그 기간은 한시적이죠. 언제 끝날지 모르는데 계속하고 있는 것이 아닙니다. 게다가 이 친구는 자신의 학비와 용돈을 스스로 충당하고 있었어요. 그런데도 독립의 압박감을 느끼고 있죠. 그러니 다른 사람들은 어떻겠어요. 끝을 기약할 수 없는 과정 중에 있거나 경제 활동을 아예 하지 못하는 사람은 이 압박감을 더 크게 느낄 수 있습니다.

그런데 최근 조사에 따르면 성인이 되어도 독립하지 않고 부모의 원조를 받으며 사는 '캥거루족'이 시간이 갈수록 늘어나는 추세라고 합니다. 보통 캥거루족이라고 하면 학교를 졸업하고도 취업하지 않은 20대의 이미지를 떠올리기 쉽지만, 캥거루족의 범위는 그보다 더 넓습니다. 취업 여부와는 무관하게 부모님에게 경제적으로 도움을 받으며 함께 사는 경우가 늘어났기 때문입니다. 특히 한국의 경우, 주택 비용이나 맞벌이 부부의 아이 양육 문제 등으로 인해 결혼을 해도 캥거루족으로 살아가는 경우가 많다고 합니다. 물론 안정적이며 양질인 일자리가 보장되지 않고, 노동 소득의 가치가 점차 낮아지는 이유가 제일 크겠죠. 그러니까 독립이라는 것은 취업을 해도, 결혼을 해도 쉽지 않은 일입니다.

그래서 사람들은 따로 경제적 활동을 하지 않고 평생 부모님의 기반 위에서 살아도 되는 '있는 집 자식'을 부러워하곤 합니다. 결혼을 하면서 부모로부터 거주지를 제공받는 경우는 또 어떤가요? 이렇게 생각하면 부모의 경제적 원조는 하나의 자랑거리입니다.

그러므로 부모로부터의 경제적 독립은 물론이고, 생계를 위한 벌이 자체도 인간인 이상 반드시 해야 할 것은 아닙니다. 무슨 일이 있어도 반드시 추구해야 할 가치는 아니라는 거예요. 경제적 독립은 해도 되고, 안 해도 괜찮은 것입니다. 이것이 첫 번째 잠금 해제입니다. '다른 사람은 다 하는데, 나만 아직' 같은 마음이 들지요? 그것은 사실과 다를 뿐만 아니라, 비합리적인 판단입니다. 다른 사람이라고 다 하는 것도 아니고요, 사람이라면 모두 그렇게 해야 하는 절대적이고 근본적인 가치인 것도 아닙니다. 그렇게 생각하면 이런 압박감이 삶의 문젯거리가 되는 것은 돈을 당장 벌어오는지, 얼마만큼 벌어오는지에 달려 있지 않습니다.

한 사람의 몫은 어디에 있을까

문제는 경제적인 독립이 아니라 삶의 가치들 간 충돌 혹은 평가입니다. 어떤 것을 보다 우선으로 두어야 하는지, 내가 지금걷고 있는 길이 그럴 만한 가치가 있는지 등의 문제이죠. 보통이 문제에는 또래나 비슷한 조건의 다른 사람들과 나의 현재에대한 비교, 지금의 과정과 이후 결과의 불명확함, 지금까지 나를먹여 살리고 지원해준 부모님(다른 가족이나 친구, 애인일 수도 있고요)에 대한 애정, 미안함, 자신에 대한 자타의 평가 등 다양한가치 평가가 얽혀 있습니다.

설령 비슷하게 경제적 독립을 중요하게 여긴다 해도 집의 경제적 조건이나 부모님의 사고방식, 자신의 성향 등에 따라 독립의 중요성이나 의미는 달라집니다. 부모님이 일을 그만할 수 있도록 내가 책임져야 한다고 생각하고, 이를 독립의 목표로 삼는친구들도 있습니다. 이런 경우는 자신이 취업을 하여 경제 활동을 하고 있더라도 부모님이 쉬지 못하고 계속 일해야 한다면 마음의 압박감이 크겠죠. 내 안에 무겁고 불편한 마음이 자리하는가장 큰 이유가 무엇인지 한번 스스로 물어보세요. 예를 들어,나를 대하는 사람의 태도가 문제라면, 이제부터 생각할 것은 돈이 아니라 내가 그의 태도에 어떻게 응대해야 할지입니다.

하지만 모든 과정 중에 사람이 주기적으로 부딪히는 저 압박감, 지금이라도 당장 돈이 되는 일을 해야 하지 않을까?라는 의문의 가장 큰 원인은 자기 평가입니다. 누가 뭐라고 하지 않아도, 스스로 생각하는 거죠. 내가 왜 이 길을 걷고 있는지에 대한 여러 가지 이유를 제시하고 나 스스로를 변호할 수 있음에도, 여전히 '나는 다른 사람만큼의 한 사람 몫을 다하고 있는가?'라고 물으면 어쩐지 그렇지 않은 것 같은 기분을 떨칠 수 없는 것이지요. 그 한 사람 몫이라는 것을 판단하기 위해 사람들이 가장 크고 중요하게 생각하는 요소가 대개 생계를 유지하기 위한 경제적 활동이고요.

소인 입장 금지, 어른 됨의 의미

그렇다면 경제적 활동을 하지 않는 사람은 어른 유예 중인 것일까요? 집행을 미루듯이, 숫자 나이로는 미성년이 아닌 성인成人이 되었지만 진짜 성인으로서 역할을 미루고 그 역할을 다 하고 있지는 않고 있는 것이요. 하지만 과연 한 사람의 몫을 다하는 어른이란 어떤 사람일까요?

주자로도 불리는 유학자 주희는 유학의 경서인 『대학』을 해설하며, 제대로 공부하여 덕을 쌓은 사람이 대인大人이라고 말합니다.

주희朱子는 남송 시대 사람으로, 우리에게 주희라는 이름보다 조선시대의 이념적 기반이기도 한 성리학을 집대성한 학자라는 설명이 더 와닿을 것 같습니다. 유학의 경전 중 하나인 『대학』에 주희가 주석을 붙여 새롭게 펴낸 것이 『대학장구大學章句』입니다. 『대학』 서문에서는 어릴 적에는 소학을 배우게 하고, 15세에 이르면 왕이 될 사람, 그리고 일반 백성 중 빼어난 사람에게 이 『대학』을 가르쳤다고 밝히고 있습니다. 사회지도층 인사를 교육하기 위한 책으로 이해할 수 있는데요. 그러나 주희는 이 책을, 사회지도층만을 위한 것이 아니라 본래 '대인'의 의미에 따라 사람이 사람답게 살기 위해 가장 토대가 되는 안내서로 이해합니다. 유학에서 공부란 사람답게 사는 공부거든요. 결과적으로 대인은 사람답게 사는 공부를 잘 실천하며 사는 사람을 뜻합니다. 갑자기 어른의 의미가 엄청난 것이 된 듯하지만, 우리는 이미 어른의 조건이 까다롭다는 것을 알고 있습니다. 그래서 이 고민이 시작된 것이니까요.

사람으로 태어났다고 해서 모두가 사람답게 사는 것은 아닙니다. 누군가 타인에게 지나치게 나쁘게 대할 때 "사람이 참 못 됐다"라는 표현을 쓰잖아요. 그 말이 이 뜻이에요. 사람이지만 아직 사람다운 사람은 되지 못한 채 살고 있는 것이죠. 그래서 유학은 사람답게 살기 위해서 평생 어떻게 공부하고 실천해야 하는지를 알려줍니다. 사람답게 살기 위한 역량은 이미 우리 안에 있어서 누구라도 시도할 수 있거든요. 일단 사람으로 태어났으니까요. 그러니까 원리상 누구라도 '대인'이 될 수 있는 것이죠. 도토리로 태어났다면 당연히 도토리 나무로 자랄 수 있는 것처럼요.

그러나 모든 씨앗이 뿌리를 내리고 꽃을 피우는 것은 아닙니다. 그래서 사람다운 사람으로 살기 위해서는 그 씨앗을 마음속의 가능성으로만 남겨두지 않고 마음 바깥 세계 곧, 사회로 끄집어내어 자신의 힘을 현실 속에서 발휘해야 합니다. 그러므로 유학은 본래 자신의 힘, 역량을 최대로 발휘하며 사는 삶을 강조합니다. 말하자면 자아실현이고, 이것이 우리의 삶에서 가장 우선되는 것입니다. 결과적으로 유학에서 한 사람 몫을 제대로 하는 사람이란 자신을 진정으로 위할 줄 아는 사람입니다. 나라는 존재가 사람답게 사는 일을 삶의 최우선으로 두고 온 힘을 다하는 사람이니까요. 그렇지 않은 사람, 그렇지 못한 사람은 전부 소인입니다. 돈을 많이 벌고, 좋은 곳에 취직하고, 빨리 자리를 잡더라도요. 그래서 사회에 그렇게 대인이 '못된' 소인배가 많은가 봅니다.

'어른답게'의 필수 조건, 돈이 되지 않는 노동

그런데 나는 혼자 태어날 수도 없고, 나의 꿈도 나 혼자만의 힘으로는 실현될 수 없습니다. 내 꿈이 영화감독이라면 그 꿈에는 다른 영화 제작팀, 관객, 제작비 지원 등 타인의 존재가 포함되니까요. 그래서 유학의 '나'는 어느 날 갑자기 하늘에서 뚝 떨어진 내가 아니라, 부모의 자녀이자 내 친구의 친구이며 우리 사회의 시민인 '관계 속의 나', '관계와 함께 형성되는 나'입니다. 관계를 만들고 유지하는 역할을 모두 포함한 것이 '나'이고, 그러므로 한 사람으로서 제 몫을 다한다는 것은 관계 속에서 자신의 역할에 충실하다는 뜻이기도 합니다. 군신 관계, 부자 관계, 사제 관계와 같은 것이 강조되는 까닭이 바로 여기에 있습니다. 사람은 사회 속에서 살아가기 마련이고, 관계 속에서 자신을 만들어가니까요. 사회는 각 개인의 자기실현과 관계 형성을 통해 구성됩니다. 정명론正名論이라고 하지요. 많이 들어봤을 거예요, '군은 군답게 신은 신답게'라는 역할에 따른 책임의 강조론이요. 그렇다면 대인다운, 어른다운 관계의 역할과 책임은 어디에 있을까요?

부모님에게 경제적 원조를 받지 않아야 한다고 느끼는 것은 부모와의 관계에서 내가 더 이상 돌봄을 받기만 하는 역할로 머물 수 없다고 생각했기 때문입니다. 어린아이일 때는 그런 생각을 잘 하지 않잖아요. 관계가 바뀌었기 때문에 내 역할도 바뀐 거죠. 하지만 부모와의 관계 속에서 나의 역할이 경제 활동만으로 이야기될 수 있을까요? 그런 것이라면 극단적으로 말해 부모님이 나를 키우며 들였던 금액만큼 돌려줄 수 있으면 되겠죠. 그러나 누군가를 키우고, 돌보고, 관계를 맺고 유지하는 일은 돈으로만 가능하지 않습니다.

내가 이만큼 자라난 것도, 내가 흔들리고 의심하면서도 계속 나아가고 있는 것도, 우리의 사회가 유지되고 있는 것도 실은 전부 돈을 벌 수 없는 노동 덕분입니다. 바로 관계를 만들고, 가능하면 관계 속에서 진실되게 지내려는 노력이요. 우리는 그렇게 가족을 지지하고, 친구와 동료를 만들고, 자격증을 따거나 부여하는 사회적 관계를 신뢰하면서 거래를 하고 돈을 법니다. 누군가가 현저하게 뛰어난 경제 활동을 할 수 있는 것은 단지 관계가 유지될 뿐만 아니라 원활하게 흘러가고 있기 때문입니다.

이것이 잠금 해제 2단계입니다. 돈을 벌 수 없는 노동, 그러나 전체 사회의 뿌리가 되는 일을 우리는 이미 하고 있습니다. 바로 여러 관계 속의 나로 살며 다시 관계를 돌보고, 사회 안의 무수한 관계를 만드는 일이죠. 그러므로 현재 경제 활동을 하고 있지 않다는 것 하나만으로 내게 주어진 역할을 회피한다거나, 한 사람 몫을 하고 있지 못하다고는 말할 수 없습니다.

길 위의 우리, 독립보다 중요한 것

지금 내가 속한 이 과정이 언젠가는 내 힘으로 먹고살기 위한 과정일까요? 그렇기도 하겠죠. 그러나 이미 살펴본 것처럼 누구나 자기 힘으로 먹고사는 것은 아니고, 경제적 독립을 고민할 필요가 없는 사람이라고 해도 사람이 되어가는 과정 곧, 관계와 함께 나를 실현해나가는 과정은 면제받을 수 없습니다. 그러니까 우리의 과정은 이 사회 속에서 나라는 사람의 자리를 만드는 일,

내가 나답게 살기 위한 관계를 엮어가는 일에 더욱 가까운 것 같습니다.

설령 우리의 과정이 다른 사람과 동떨어진 너무 긴 과정이라 느껴져도, 삶 전체로 보면 우리는 탈선 없이 다른 모두가 속한 그 과정을 성실히 살아가는 중입니다. 때로는 몸부림치고 때로는 스스로를 의심하고 때로는 초조해하기도 하면서 자기실현의 길을 걷고 있는 중이죠.

경제적 독립은 그 와중에 요청되는 것 중 하나일 수 있으나 그것만으로 우리의 길이 완성되거나, 나를 진정 위하는 삶이라고 할 수는 없습니다. 어쩌면 거꾸로 사람다운 삶을 사는 일, 관계를 돌보는 일이 어렵기 때문에 경제적 독립이라는 미션을 강조하는 것일 수도 있고요. 삶의 무수한 관계를 이어나가고 나 자신을 염려하는 일보다 이게 좀 더 쉽지 않을까? 이것을 해내면 좋은 관계를 만드는 데 도움이 되지 않을까? 하는 생각이 드는 것이죠.

그러나 그 모든 것, 경제적 독립, 좋은 관계 등을 위한 가장 밑바탕은 나 자신의 힘을 잃지 않는 것입니다. '수신제가치국평천하修身齊家治國平天下'라고 들어보셨지요? 역시 『대학』에 나오는 말입니다. 주희는 모든 일에는 먼저 할 것, 나중에 할 것과 같이 일의 경중과 순서가 따로 있다고 지적하면서 우리가 어른으로 살기 위해 가장 처음 챙겨야 하는 것을 나의 몸과 마음이라고 이야기합니다. 가정과 국가, 나아가 천하(전 세계)를 평안하게 하는 좋은 어른이 되는 주춧돌은 나 자신을 갈고 닦는 '수신'이기 때문입니다. 그러므로 우리는 다른 어떤 관계보다 먼저 자기 자신과의 관계에 충실할 필요가 있습니다. 자기에게 진실되고 성실하게 살아가는 일이요.

결과적으로 우리 삶에서 '독립적'인 어른이 되는 것은 불가능한 미션입니다. 어른은 관계를 고려하고, 다양한 관계 속에서 자신을 실현하려는 존재니까요. 우리는 언제나 사람답게 살려고 애쓰는 중이고, 그래서 우리는 완성형 어른이 아니라 언제나 어른이 되려고 애쓰는 미완성 어른입니다. 우리에게 필요한 것은 독립보다는 관계가 아닐까요? 나를 죽이거나 억누르지 않고, 상대를 기만하거나 억누르지 않는 관계 말입니다. 그런 관계를 위해 필요한 것은 나 혹은 누군가, 우리에게 소중한 여러 가치를 평가절하하는 생각에서 벗어나는 일인지도 모릅니다. 경제적 독립이 아닌, 그것 이외의 다른 중요한 것을 함께 생각할 수 있는 자유를 서로에게 허용해주세요.

8

어디에 돈을 써야 할까요?

with 공리주의

#얼마안되는돈 #취미 #덕질 #써도되나요 #낭비인가 #우선순위
#공리주의 #행복을주는것 #투자 #자기계발이란무엇인가

요새는 커피 마시지 마라, 돈 많이 드는 취미 생활 하지 마라, 가능한 한 이른 시기부터 부지런히 돈을 쪼개고 모아야 한다 등의 말이 단지 재테크만이 아닌 자기 계발을 위한 조언으로 따라오곤 하더라고요. 각종 자격증, 영어 공부, 운동 등 자기 계발에 돈을 쓰는 것은 괜찮지만 그에 도움이 되지 않는 취미 생활을 우선하는 일은 어리석다고요. 하지만 정말 안 되나요, 제 인생의 낙이 그 취미뿐인데 그것도 안 돼요?

사실 누가 뭐라고 하지 않아도, 돈이 별로 없어서 쪼개어 써야 하는 상황이라면 취미 생활에 돈을 쓰는 일에 자기 자신부터 부담을 느끼게 되긴 합니다. 취미를 즐기다가도 문득 '너 지금 이럴 때니? 이런 데 쓸 돈이 어디 있어?'라고 스스로를 나무라며 자발적인 반성의 시간을 갖기도 하고요. 하지만 취미 생활을 쉽게 포기할 수 없는 것은 취미 생활이 그만큼 내 삶의 낙이 되어주기 때문이지요. 양쪽 다 좋은 것인지는 알겠는데 어쨌든 지금은 선택이 필요합니다. 어떻게 해야 할까요?

나의 소비 우선순위 리스트, 공리주의와 상담하기

내가 기쁨을 느끼는 어떤 활동에 아예 돈을 쓰지 말라고 하는 것이 현명한 답변이 되기 어렵다는 점은 우리 모두 어렴풋하게 나마 짐작할 수 있을 것입니다. 숨구멍은 남겨둬야 한다는 말이 있잖아요. 삶의 기쁨을 잘 느끼지 못하는 사람은 오히려 그 헛헛함을 메우기 위해 충동적이고 불필요한 소비를 하기 더 쉽다는 조사 결과도 있더라고요. 하지만 그 우선순위나 적정 비율 같은 것은 어떻게 알 수 있을까요? 이런 주제로 이야기를 나눌 만한 철학자는 누구일까요?

여러 철학자가 있겠지만, 여기서는 공리주의자들과 이야기를 나누어보려 합니다. 공리주의는 소위 '최대 다수의 최대 행복'이라는 구호로 잘 알려져 있는데요. 더 많은 사람에게 행복을 줄 수 있으면 그것이 가치 있는 행동, 곧 더 '좋은' 행동이라는 입장입니다. 더 좋은 것, 가치 있는 것이 무엇인가를 다루기 때문에 공리주의는 '윤리학'에 속합니다. 하지만 우리가 윤리학에 대해 생각할 때 떠올리기 쉬운 금욕적인 생활, 이것도 하면 안 되고 저것도 하면 안 되고 같은 교장 선생님 말씀과는 거리가 있습니다. 일단 최우선으로 추구하는 가치가 인생의 행복이니까요. 물론 여기서 행복은 자극에 대한 반응으로서 쾌감을 뜻하는 것이 아닙니다. 행복은 만족감과 고통의 문제로, 몸과 마음의 만족감을 증진하고 고통을 줄이는 일입니다. 이익, 이윤, 편리, 편안, 불행, 불쾌, 불편 등 어떤 용어로 표현해도 그 본질은 같습니다.

그래서 공리주의는 상대적으로 현대인이 받아들이기 쉬운, 세속적인 윤리학으로 평가받기도 합니다. 하지만 공리주의가 무턱대고 행복 최고! 다수 최고!를 외치는 것은 아닙니다. 공리주의는 정치학이기도 하거든요. 처음 공리주의라는 말을 쓴 영국의 법학자이자 철학자 제러미 벤담Jeremy Bentham의 책 제목은 『도덕과 입법의 원리에 관한 서론』입니다. 최대 다수의 최대 행복이란 개인에게 더 좋은 행동을 알려주는 원칙이기도 하면서, 그 원칙이 나라를 다스리는 법의 근본이 되어야 한다는 주장입니다. 개인과 사회의 근본 원칙이 되려면 모두에게 가치 있고 바랄 만한 것이어야 하는데, 사람마다 바라는 것이 다양해도 그 근본은 결국 행복한 삶이기 때문입니다. 국가 역시 모든 국가 구성원의 행복 추구권을 인정하고, 가능한 한 최대의 행복이 실현될 수 있도록 해야 하는 것이죠.

그래서 공리주의는 생각보다 훨씬 여러 가지 안배를 해둡니다. 벤담의 책에서 우리가 특히 흥미를 가질 만한 부분은 개인에게도, 국가에게도 중요한 이 행복을 과연 어떻게 측정하여 계산할 수 있겠는가를 탐구한 파트입니다. 행복의 척도를 제시해주는 것이죠.

벤담의 대전제는 행복의 '양'입니다. 행위의 '종류'는 중요하지 않습니다. 그래서 취미 활동의 가장 치명적 약점처럼 느껴지는 '써먹을 데도 없는데 돈만 들어간다'는 비생산성은 마법처럼 자취를 감춥니다. 비생산적이긴요, 행복을 준다니까요?

더 큰 행복이 어느 쪽인지를 생각하기 위해 벤담은 7가지 척도를 제시합니다. 강도, 지속성, 확실성, 근접성, 다산성, 순수성, 그리고 범위입니다. 우리는 이런 식으로 벤담 선생님과 함께 현

닥터 벤담과 함께하는 나의 돈 쓰기 체크리스트 *항목 별 10점 만점으로 점수를 기록해주세요			
척도	내용	취미 활동*	자기 계발*
강도	행복이 얼마나 강렬한가?		
지속성	행복이 얼마나 오래 지속되는가?		
확실성	행복이 생길 가능성이 얼마나 확실한가?		
근접성	행복이 얼마나 가까운 시점에 생겨나는가?		
다산성	그 행동이 한 가지 종류의 기쁨만이 아닌 또 다른 기쁨을 낳을 수 있는가?		
순수성	그 행복에는 감당해야 하는 괴로움이 얼마나 덜 섞여 있는가? 순수한 기쁨이 얼마나 되는가? (예: 위장의 안녕을 위해 퇴근 후 야식을 포기하는 괴로움을 감당한다면 순수한 기쁨만 있다고 할 수는 없다. 그 상대적 비중을 생각해 보자.)		
범위	내 행동의 결과가 얼마나 많은 사람들의 행복에 영향을 줄 수 있는가?		
총점			
결과 평가 : ## ##을 하는 것이 지금의 나에게는 더 행복하고 유익한 일로 보인다.			

* 취미 활동, 자기 계발 칸에는 자신의 취미 및 자기 계발 활동을 구체적으로 떠올려 대입해주세요.

재 나의 일상에서 더 많은, 더 큰 행복을 산출하는 행동이 어떤 것인지 검토해볼 수 있습니다.

통계가 행복을 결정하지는 않는다

철학에서는 보기 드문 정량적 평가 형식이지만 여전히 의문이 남습니다. 얼마나 확실한지, 얼마나 빨리 기쁨이 찾아오는지, 다른 기쁨이 따라붙을 것인지, 내가 느낄 기쁨에 괴로움이 얼마나 섞이는지를 어떻게 알 수 있죠? 벤담은 상식적이고 수학적으로 생각하라고 안내합니다. 일반적인 확률을 생각해보라고요. 행동 하나에 대응하는 행복에 대한 구체적인 점수 산정에는 약간의 오차가 있을 수 있지만, 어찌 되었든 중요한 것은 행복이 고통에 비해 압도적인 비율을 점유하는 것이라고요.

그러나 공리주의와 대조적인 '의무론'을 강조한 철학자 칸트는 행복을 기준으로 하는 행동 원칙을 이렇게 비판합니다. '네가 얼마나 만족하고 고통스러운지는 똑같은 행동을 해도 네 상태에 따라서 엄청나게 달라지지 않겠니? 그렇게 변덕이 심한 것을 어찌 원칙이라고 내밀어!' 평소 좋아하던 엄청 맛 좋은 요리를 먹어도 즐겁지 않을 때가 있으니까요. 그래서 원칙은 감정이 아니라 이성이라는 것이 칸트의 입장입니다.

우리는 여기서 벤담 대 칸트, 둘 중 하나를 선택하는 대신 우리 고민에 대한 힌트를 한 가지 발견할 수 있습니다. 결국 자기 계발이든 취미 활동이든 누가 아무리 즐겁다고 해도, 혹은 내가 지금까지 아무리 즐거웠어도 지금 이 순간 그 행동을 선택했을 때 내가 얻을 수 있는 행복과 괴로움을 전적으로 확신할 수 없다는 사실입니다. 곧, 습관적인 선택이 행복이라는 귀결을 보장하는 것은 아니라는 거예요. 통계는 설명하지만 약속하지는 않거든요. 특히 내가 그 통계에서 벗어나는 예외의 경우라면요. 사람들은 흔히 '일반적으로 그렇다'는 말을 대다수가 그렇다거나 평균적으로 그렇다는 의미로 사용합니다. 그러나 내가 그 대다수나 평균값에 속하지 않는 조건, 처지, 특징의 사람일 수도 있잖아요. 그러니까 우리는 돈을 쓸 때 '항상' 무엇인가가 우선되어야 한다는 생각 대신 그때의 내 상황과 행복을 재고할 필요가 있습니다.

그런데 벤담에게 치명적인 비판은 행복을 계산하기 어렵다거나, 행복은 변덕스러운 감정이라는 것이 아니었습니다. '만족하기만 하면 다 된다는 것인가?'라는 물음이 제기된 것이죠. 극단적으로 말하면 사람이 개돼지와 다른 점은 무엇인가?라는 비판입니다. 사실 사람이나 동물이나 만족과 고통을 느낀다는 점에서는 차이가 없고, 군이 인간만 대단하다고 할 필요도 없습니다. 그런데 지금 돈을 쓰는 일을 고민하는 우리에게 중요한 것은 벤담에 대한 비판은 아닙니다. 오히려 우리에게 치명적인 일격은 벤담이 결국 돈의 손을 들어준다는 사실입니다. 금전은 확실하고 큰 행복을 준다고요. 취미 생활이든 자기 계발이든 상관없이,

돈을 쓰지 않는 것이 낫다는 말이 되겠죠?

자기 계발이란 무엇인가

공리주의 2세대인 영국의 철학자이자 정치경제학자 존 스튜어트 밀John Stuart Mill은 행복의 양보다 행복의 질을 강조합니다. 사람만 행복을 느낀다고 할 수는 없지만 사람이 다른 종과 다르게 '더욱' 혹은 '고유하게' 행복을 느끼는 영역이나 활동이 있을 수 있습니다. 생물학적으로 말하면, 우리의 뇌는 상당히 고차원적인 컴퓨터 같은 것입니다. 그래서 머리를 '쓴다'고 할 때, 그 일이 꼭 괴로움만 가져다주는 것이 아니라 즐거움도 가져다줄 수 있는 것이죠. 밀은 인간이 동물적 욕구를 넘어선 고도의 정신 능력을 가지고 있고, 그래서 한 번이라도 자신이 지닌 능력을 자각하면 그 능력을 충분히 활용하지 못할 때에는 행복을 잘 느낄 수 없다고 주장합니다.

좀 더 고차원의 행복이 있다는 것이죠. 밀은 육체적 만족보다는 정신적 만족이 더 고차원의 행복이고, 인간은 정신적 만족감을 얻을 때 더 깊은 행복을 느낀다고 주장합니다. 밀은 양심이나 동정심을 예시로 듭니다. 비록 이를 위한 선택이 나를 아무리 힘들게 하더라도, 양심과 동정심을 충분히 자각한 사람들은 비열하고 이기적인 행동을 택하는 것이 더욱 힘들다는 것입니다. 즉, 육체적, 물질적인 만족과 인간의 존엄성을 지키는 정신적인 만족 중에서 전자를 고를 사람은 없다고 말합니다. 물론 인간이 매번 고차원적인 정신적 행복을 선택할 만큼 강건한 존재가 아니라는 점도 인정하긴 하지만요.

정신적 행복을 강조하는 밀의 이야기는 가능하면 다른 무엇을 위한 수단으로서의 행복보다 그냥 그 활동을 하는 것 자체만으로 행복한 일을 추구하라는 것으로 읽을 수 있습니다. 또한 신체감각의 수동적 반응보다 자발적이고 능동적인 정신적 활동을 추구하라는 권고로도 이해할 수 있지요. 취미 생활의 가치보다 자기 계발의 가치를 우선으로 하는 쪽은 이러한 밀의 해석을 받아 특정 취미 활동들이 말초적인 자극만 우선하는 것이라고 비판할 수도 있습니다. 하지만 평범한 일상을 영위하는 것이 너무 팍팍해진 요즘 세상에서 '취미'라고 부를 만한 것을 가지고 있다면, 그 자체로도 충분한 가치가 있지 않을까요? 사실 취미는 단지 말초적인 자극만으로 만들어지는 것이 아닙니다. 게다가 취미 활동을 지속해나가는 데 우리는 많은 에너지를 쏟습니다. 식물 돌보기, 악기 연주, 스포츠 활동, 뮤지컬 관람, 뜨개질, 게임 등 무엇이 되었든 한 영역에 꾸준히 애정을 주고, 다양하고 많은 정보를 습득 및 취사선택하며, 시간을 확보하기 위해 업무 일정이나 약속 시간을 조정하는 등 말이죠. 이는 엄청나게 적극적이고 능동적인 활동과 종합적 능력이 요구되는 일입니다. 무엇이 되었든 취미를 만들고 유지하는 일에 도전해본 사람은 취미가 생각보다 엄청나게 많은 것을 요구한다는 사실을 체감하게 됩니다. 그래서 취미를 갖는 일은 쉽지 않은 일이고요.

우리는 결국 가장 기본적인 물음으로 돌아가게 됩니다. 도대체 자기 계발이란 무엇인가요? 사실 자기 계발과 취미는 많은 것이 겹칠 수 있습니다. 영어회화 스터디, 독서 모임 등이 누구에게는 취미일 수도, 누구에게는 자기 계발일 수도 있으니까요. 그러니까 취미 활동과 자기 계발을 구분하는 기준은 그 현상이 아니라 목적성이라고 할 수 있습니다. 여러분이 생각하는 자기 계발의 목적은 무엇인가요?

자기 관리와 자기 계발의 관계

국립국어원의 질의응답에 따르면 자기 '개발'과 자기 '계발'은 어느 한쪽만 맞는 표현이 아닌 둘 다 맞는 말입니다. 그러나 자기 개발이라고 할 때는 '자기에 대한 새로운 그 무엇을 만들어냄. 또는 자신의 지식이나 재능 따위를 발달하게 함'의 의미이며, 자기 계발은 '잠재되어 있는 자신의 슬기나 재능, 사상 따위를 일깨워 줌'의 의미라고 합니다.

그러나 오늘날 각광받는 '자기 계발'은 그보다 조금 일찍 유행했던 '자기 관리'의 후손입니다. '관리'라는 것은 항상 준비된 상태를 유지하는 것입니다. 다른 사람이 보고 있지 않을 때조차 나는 어디에 내놓아도 괜찮을 만한 상태로 있으려 하는 거죠. 하지만 나는 무엇을 위해 준비되고 괜찮은 상태여야 하나요? 사회가, 혹은 나 자신이 스스로에게 강제하며 공들이는 자기 관리는 나를 위한 것이라기보다 타자를 위한 것처럼 보입니다. 쓸모있는 고용인이 되기 위한 관리, 외모부터 성격까지 다른 사람의 평가로부터 박한 점수를 받지 않기 위한 관리요.

게다가 우리는 사랑하는 반려동물을 '관리'한다는 표현을 잘 쓰지 않습니다. 그 말이 지시하는 것이 정기적으로 확인하고 수행해야 할 임무인 식사제공, 예방접종, 놀이 등의 활동이라고 하더라도요. 나는 그를 관리하지 않습니다. 그의 안녕을 위해 돌보고 함께하죠. 그러므로 나 자신의 삶을 '관리'한다는 표현이 당연하게 여겨지는 것은 매우 기이한 현상입니다. 실존주의자로 잘 알려진 20세기 독일의 철학자 마르틴 하이데거Martin Heidegger 는 이를 두고 현대인은 자기 자신이라는 존재를 어딘가의 '부품'으로 이해하고 있다고 비판하기도 했습니다.

그래서 자기 계발이라는 용어는 조금 더 교묘하게 사용됩니다. '관리'라는 표현이 은연중에 지시하는 이 사회의 시스템이나 타인의 평가를 희미하게 만들고, '계발'이라는 표현을 통해 나의 자발성과 능동성을 강조하는 척 하면서, 사람이 '다른 무엇을 위한 쓸모'로 평가받아야 한다는 암묵적인 전제를 덮어버리거든요. 그리고 이 계발에는 한 가지 요소가 더 들어갑니다. 고용인 마인드가 아닌 일종의 기업가 정신입니다. 나는 나에게 투자해서 투자 대비 좋은 성과를 뽑아내어야 하는 나 자신의 경영인입니다. 안정적인 일자리가 보장되지 않자, 너도나도 창업 혹은 재테크로 뛰어드는 현실의 반영이라 할 수 있겠습니다.

그러니까 말의 의미대로 하자면 자기 계발에 취미 활동은 얼마든지 포함될 수 있고, 나에게 행복을 줄 수 있는 유익한 활동인 취미 활동이 죄책감의 원인이 되고, '지금 네가 감히'라는 사치로 치부되는 것은 나라는 존재와 나의 인생을 이윤을 넘겨야 할 투자 상품으로 보고 있기 때문입니다. 오늘날 자기 계발은 재테크의 일종입니다.

'언제나' 삶의 기쁨이 함께한다는 것

자기 계발 중에서도 어떤 종류의 자기 계발에 나의 시간과 재화를 투자해야 그만큼의 성과를 얻을 수 있을까요? 사실 벤담의 공식으로만 따져도 그런 자기 계발이 보장하는 행복의 확실성은 매우 낮습니다. 우리 시대의 투자 대비 이익은 더 이상 합리적 계산으로 예측할 수 있는 것이 아니거든요. 오늘날 주식 시장을 생각해보세요. 주가는 국제 정세, 오너 리스크, 천재지변, 기후변화로 인한 원재료 감소 등 온갖 이유로 요동칩니다. 자기 계발을 그런 식으로'만' 이해한다면 우리가 얻을 수 있는 이익은 언제나 불안정하고, 결과적으로는 괴로움이 더 클 수도 있습니다. 발을 동동 구르고 노력하면서도 매번 해야 할 일은 더 늘어나고, 쫓기는 기분이 드는 것이지요.

밀은 몸과 마음의 만족감을 증진시키고 괴로움을 줄이는 것이 행복이라고 말합니다. 단순하고 강력하지요. 괴로움은 최소로 기쁨은 최대로. 우리는 정말 이 같은 자기 계발을 하면서 살수도 있습니다. 그러나 때로는 행복과는 거리가 먼 자기 계발로 빠질 수도 있습니다.

투자 대비 성과는 미래의 약속입니다. 미래를 위해 현재를 판돈으로 배팅하라고 요구하지요. 현재는 언제나 미래의, 심지어 내가 잘 해내도 얻을 수 있을지 없을지 불확실한 행복을 위한 수단이 됩니다. 물론 때로는 그런 순간도 필요할 수 있습니다. 그러나 우리에게는 어쩌다 올지도 모르는 대박만큼이나, 평범한 현재의 기쁨 또한 필요합니다. 오늘의 매일을 그 자체로는 기쁘지도 의미 있지도 않은, 다른 것을 위한 수단으로만 여기며 살수는 없거든요. 자기 계발보다 취미 활동이 낫다고 주장하려는 것은 아닙니다. 취미 활동 역시 때로는 공허한 현재를 가리는 수단으로만 활용되기 때문입니다. 즉, 중요한 것은 취미 활동과 자기 계발 중 무엇이 더 가치 있느냐가 아니라 '지금 우리는 그 자체로 기쁨과 의미를 느낄 수 있는 활동을 하고 있는가'라는 질문이 아닐까요?

9

나는 같은 실패를 반복하는 것일까요?

with 한나 아렌트

#실패 #반복 #성장없음 #한나아렌트 #인간의조건 #행위 #탄생성
#예측불가능성 #우리는매일실패한다 #실패뒤에오는것

우리의 성공은 대개 한 번에 이뤄지지 않고, 지속적인 도전을 요구합니다. 하지만 실패한 일에 다시 도전하기란 쉽지 않습니다. 실패의 경험이 나를 위축시키니까요. 친구에게 전화를 걸어 말하다가 펑펑 울었던 적이 있어요. "똑같은 실패를 할까 봐 두려워", 제가 두려웠던 것은 불확실한 것에 뛰어드는 것보다 내가 조금도 나아지지 않았다는 것을 스스로 확인하는 일이었습니다.

만일 내가 지금 하려는 이 일이 단지 똑같은 실패를 반복하는 것이라면 지금이라도 그만두는 것이 현명한 선택 아닐까요? 가만히 있으면 중간이라도 가는데 괜히 나섰나? 너무 어리석은 집착인가? 두려움과 의구심이 마음속을 가득 채웁니다. 나는 어쩌면 나의 과거와 실패에서 배운 것이 하나도 없는, 성장하지 않은 사람일까요?

실수일까 실패일까

사실 살아가면서 겪는 일들이 전부 다 잘될 리는 없지요. 그래서 굳이 '실패'라는 말을 쓰는 것이 거창하게 느껴지기도 합니다. '실패'의 뜻을 국어사전에서 찾으면 '일을 잘못하여 뜻한 대로 되지 아니하거나 그르침'이라고 나옵니다. 그렇게 생각하면 우리의 인생은 거의 '실패하는 인생'입니다. '에브리데이 실패데이' 같은 것이죠. 일을 잘하지 못해서 내 마음과 어긋난 결과를 얻는 일이 우리 삶에서 얼마나 많은가요? 미끄러운 길을 걷다가 넘어지고, 눈앞에서 버스를 놓치거나, 잘 보이고 싶은 사람 앞에서 혼자 어색한 농담을 하고 집에 와서 이불을 걷어차기도 합니다. 이런 것들을 전부 인생의 '실패'로 하나씩 체크한다면 아마 1년? 아니, 한 달 만에 꽤 두툼한 '실패의 책'이 만들어질 거예요.

인생의 대부분이 실패의 순간이라면 굳이 새롭게 '실패'라는 말을 쓸 필요가 없겠죠. 현실에서 우리가 느끼는 '실패'는 더 무거운 것들입니다. 옷에 음식을 흘리고, 넘어지고, 버스를 놓치는 정도는 귀여운 실수로 넘어갈 수 있지 않나요. 굳이 무거운 '실패'의 이름표를 붙이는 이유를 가만히 돌아봅니다. 아마 우리는 국어사전의 구분과 달리, 내가 쉽게 넘길 수 없는 모든 종류의 일의 그르침, 잘못됨을 실패로 여기는 것 같습니다. 때로는 실수가 곧 실패로 남기도 하고, 실패했지만 쉽게 넘어가기도 하거든요. 결국 '실패'라는 규정은 내가 조심했는지 아닌지가 아니라, 내가 감당할 만한지에 달려 있는 것 같기도 합니다.

반복되는 실패, 내가 못나서일까

　더욱 힘겨운 실패는 반복되는 실패입니다. 우리는 '인간은 어리석고, 같은 실수를 반복한다'라는 말을 농담거리로 삼곤 하지만, 실제로 그 주인공이 바로 나일 때는 전혀 웃을 수 없습니다. 뼈저리게 아프죠. 어떤 실패에는 결코 내성이 생기지 않습니다. 두 번, 세 번, 네 번… 여러 번 실패한다고 해서 그 후의 시간을 겪어내는 일이 만만해지는 것은 아닙니다. 식이 조절을 하려고 할 때 최대의 적은 '먹어본 그 맛'이라는 말이 있는데, 그런 느낌입니다. 아는 실패, 아는 고통이 더 무서워요. 이 뒤로 얼마나 아프고 쓰라릴지, 얼마나 긴 시간을 감당해야 하는지 나는 너무 잘 알고 있고 그런 만큼 더 무섭습니다. 아는 괴로움이라 해도 괴로움을 겪는 시간은 단축되지 않더라고요.

　오히려 앞선 실패와 그 이후의 괴로움이 누적되고 중첩돼서 상처가 덧나는 기분을 느끼기도 합니다. 더욱 끔찍한 것은 이렇게 같은 '실패'를 반복하는 것이 내 '실수'라는 생각이 드는 순간입니다. 내가 충분히 주의했으면 일어나지 않았을 일인 거죠. 내가 다르게 생각했다면, 내가 다르게 행동했다면, 아니 내가 아예 이 일을 다시 시도하지 않았다면…. 그간 겪었던 같은 실패는 어쩌면 내가 이 일을 성공할 수 없다고 말해주는 알림 메시지 같은 것 아니었을까요?

　그 안내판에 충분히 주의를 기울였으면 이 실패도, 실패의 후

폭풍도 겪지 않을 수 있었을 것 같아요. 내가 '굳이' 이 일을 시도해본다는 어리석은 선택을 했기 때문에 이 괴로움을 반복해서 겪고 있는 것 같습니다. '내가 왜 뛰어들었을까? 내가 왜 그랬지? 되돌아갈 수는 없나? 다시 돌아간다면 나 그냥 이거 안 할래….' 이 순간, 똑같이 반복되는 실패는 내가 조금도 성장하지 않았다는 뼈아픈 증거로 다가옵니다. 나를 의심하고, 탓하고, 후회하게 되지요. 내가 스스로 지난 실패의 경험을 무의미하게 만들어버린 것 같거든요. 반복된 실패는 나를 긍정할 수 없게 하고, 나의 두려움을 키워 나를 움직이지 못하게 합니다.

인간의 조건, 액션!

하지만 정말 똑같은 실패가 반복되는 것일까요? 철학자 한나 아렌트Hannah Arendt는 실패에 관해 조금 다른 이야기를 들려줍니다. 모든 행동은 새롭게 태어나는 것이기에 그 어떤 실패도 결코 똑같은 실패일 수 없다고요.

한나 아렌트는 20세기 독일 태생 유대인 철학자입니다. 철학자라기보다 정치사상가로 더 잘 알려져 있는데요, 정치철학자라고 생각하면 됩니다. 그는 인간을 여러 사람들과의 관계 속에서 자신을 표현하고 다른 사람과 자신을 맞추어가는 정치적 존재로 이해해야 한다고 주장합니다. 그것이 바로 인간의 본성이고, 가장 인간다운 삶의 기초가 되어야 하는 것이라고요. 아렌트는 성인이 될 때까지 독일에서 자랐지만, 2차 세계대전 중 유대인을 절멸시키려 했던 나치의 핍박을 피해 미국으로 망명하게 됩니다. 그는 자신이 겪은 시대적 경험을 통해 '인간의 조건'을 다시 생각할 필요를 느끼고 『인간의 조건』이라는 책을 집필합니다.

인간의 조건을 생각할 때 반드시 고려해야 하는 것은 활동activity입니다. 살아 있다는 것은 계속해서 움직이는 일이기 때문입니다. 그래서 삶을 말할 때는 활동이 핵심이 될 수밖에 없습니다. 아렌트는 인간의 활동을 노동labor, 작업work, 행위action로 구분하는데요. 이 세 가지 활동이 모두 더해져 우리의 삶이 구성됩니다. 그러나 아렌트의 구분은 우리가 일상에서 이 말을 주로 사용하는 방법과는 조금 다릅니다.

노동은 목숨을 유지하는 일과 관련이 있는 모든 활동입니다. 먹고, 자고, 숨 쉬고, 화장실 가고, 휴식을 하는 활동 등은 모두 나의 생명을 유지하는 활동이기 때문에 노동에 포함됩니다. 한편 작업은 노동이 아닌 활동 중 사물과 관계하는 활동입니다. 사람이 자신의 힘으로 무엇인가를 만들어내는 일 곧, 인공물을 만드는 제작이 바로 작업 활동입니다. 우리가 흔히 떠올리는 노동, 곧 직업 활동으로서 노동이 여기에 포함될 수 있겠죠. 마지막으로 행위는 우리의 사회적 삶, 여러 사람들과 어울려 살며 그와 관련되어 하는 활동, 말과 행동 모두를 뜻합니다. 예능을 보고 인터넷 커뮤니티에 감상을 남기고, 온라인이든 오프라인이든 친구를 만들고, 직장 동료와 소통하고, 투표를 하는 등 다른 사람에게 내 의견을 밝히고 감정을 표현하는 일이 전부 행위입니다.

아렌트에게는 행위야말로 그 사람이 누구인지를 보여주고, 만드는 활동이며 가장 인간적인 특징을 보여주는 활동입니다. 목숨을 유지하는 활동인 노동은 인간만이 아니라 식물도, 동물도 하는 활동입니다. 또한 사물과의 관계인 작업은 그 사람의 개성을 전부 드러내기 어렵습니다. 무엇인가를 만들어내는 일이 그 사람을 가장 잘 보여준다고 생각하기 쉽지만, 아렌트에 따르면 의외로 제작에는 자신의 개성을 억누르고 물질적 재료 곧, 사물에 나를 맞춰야 하는 부분이 있습니다. 내가 요리사가 되어 요리를 한다고 생각해보세요. 밥을 죽이나 누룽지가 아닌 '밥'으로 완성하기 위해서는 어떤 재료로 밥을 만들든 반드시 물의 양을 적절하게 맞추어야 합니다. 의외로 엄격한 규칙과 절차가 요구되죠. 그게 누구든 상관없어요. 나는 돈이 많고 인기가 많으니까 물 양을 대강 맞춰도 밥이 된다! 이런 건 불가능하거든요.

게다가 개성이란 다른 사람과는 다른 그 사람만의 고유한 특성이니까요. 반드시 사람들과 견주어 봄으로써만 드러나고, 생겨나고, 생각할 수 있습니다. 다른 사람들과의 관계 속에서 그 사람 본인이 드러나는 말과 행동이 바로 행위입니다.

예측 불가하고 되돌릴 수 없는

그런데 아렌트가 주목하는 것은 그렇게 말과 행동을 한 결과로 얻게 된 것이 아니라, 사람들과 관계하면서 말과 행동을 '하는 일 자체'입니다. 우리의 개성은 고정되어 있을 수 없거든요. 우리는 어떠한 행위를 할 때마다 우리의 개성을 만들어가게 되니까요. 그렇게 생각하면, 우리는 행위마다 새로운 사람이 되어가는 중입니다. 최종 결과는 아직 알 수 없고요.

그래서 아렌트에게 행위는 제2의 탄생입니다. 이전에는 없던, 새로운 생명이 세상에 처음으로 자신을 드러내는 것이 탄생이잖아요. 우리의 행위는 그것이 의식적으로 의도했든 그렇지 않든 간에 행위하는 사람, 곧 자기 자신을 이 세계 속에서 표명하고 드러내는 활동입니다. 그러니까 우리는 행위를 할 때마다, 그리고 행위를 통해서 이 세계에서 새롭게 태어나는 셈이죠.

탄생과 행위의 공통점은 또 있습니다. 반드시 시간 속에서 '일어난다'는 것입니다. 시간이 정지된 상태라면 무슨 일이든 간에 새로 일어날 수도 생겨날 수도 없으니까요. 그러므로 같은 행위란 존재할 수 없습니다. 이 세상에 같은 아이가 태어나지 않는 것과 같지요. 행위는 시간, 자연, 서로 다른 사람들과의 관계라는 조건 속에서 발생하고, 그 조건은 계속 변합니다. 다른 조건은 둘째치고라도, 시간은 계속 흐르니까요. 같은 강물에 두 번 발을 담글 수는 없다는 말처럼요. 흘러가버린 강물은 지금의 강물과 같지 않죠. 그래서 우리의 행위는 매번 새롭고, 매번 태어납니다.

시간을 되돌릴 수 없듯이 한번 태어난 것은 결코 없었던 것처럼 되돌릴 수 없습니다. 시간을 거슬러 올라갈 수는 없잖아요. 일어난 일을 일어나지 않은 것처럼 복구할 수는 없는 노릇이죠. 그러나 복구 불가능성은 새로운 가능성과 이어져 있습니다. 어쨌든 과거와는 똑같을 수 없으니까요. 지금까지 나쁜 짓을 일삼던 집안에서 새로운 아이가 태어날 때, 그 아이도 익인이 될 것이라고 확신할 수는 없습니다. 태어난 아이가 어떻게 살아갈지, 태어나는 바로 그 순간에는 결코 알 수 없습니다. 그 아이는 지금 막 새로 태어났기 때문입니다. 그 아이는 착한 사람이 될 수도 있고, 나쁜 사람이 될 수도 있습니다. 아이는 무엇이든 될 수 있는 가능성을 가지고 있습니다. 그 사람이 어떻게 행위하는지에 따라서 그 사람의 삶은 완전히 달라질 수 있으니까요. 그래서 탄생은 복구 불가능성과 예측 불가능성이라는 특징을 갖습니다. 과거의 모든 것을 뒤엎을 수 있다는 뜻으로도, 앞으로 어떻게 전개되고 종료될지 정해지지 않았다는 뜻으로도 이해할 수 있습니다.

우리의 행위도 마찬가지입니다. 우리의 행위는 완벽하게 예측할 수 없습니다. 우리가 무엇인가를 시도할 때 우리는 예상하고 기대합니다. 시뮬레이션도 여러 번 해보죠. 그러나 그 예상과 기대는 언제나 우리를 배반할 수 있습니다. 그렇다고 한 번 생겨난 행위를 결코 뒤로 돌리거나 무를 수도 없어요. 그럼에도 불구하고 우리는 계속 행동합니다. 멈추지 않고 살아가고 있으니까요. 그러니까 사는 동안 우리는 매번, 그리고 항상, 가슴 밑바닥의 의심과 함께 복구 불가의 영역으로 뛰어들고 있습니다. 그래서 더욱 확실한 일에 도전하고 싶어지지만 더 확실한 일이라고 해봤자 그 본질은 다르지 않습니다. 성공이든 실패든 예측 불가능한 행위의 본성은 변함이 없습니다. 이것이 바로 우리 인간 삶의 어쩔 수 없는 조건입니다.

반복일지라도, 똑같은 실패는 아니야

실패는 행위의 증거이자 흔적과 같은 것입니다. 무엇인가를 하지 않았다면 실패하지도 못했을 테니까요. 아렌트 식으로 생각하면 결코 똑같은 행위가 없듯, 결코 똑같은 실패도 없습니다. 서로 다른 시간에 태어난 아이를 두고 똑같은 아이라고 할 수 없는 것처럼요. 같은 실패의 반복인 것 같아도 정말 똑같은 실패는 내가 하고 싶어도 할 수가 없습니다. 그 시도를 했던 시간과 관계, 상황은 결코 똑같을 수 없으니까요. 내 마음이 똑같지 않음은 물론이고요. 나는 잘하고 싶었고, 이번에는 다르고 싶었고, 저번과는 다른 결과를 얻기 위해 도전했습니다. 내가 한 것은 과거와 똑같은 행위가 아니라 과거를 딛고 새로 태어난 행위이며, 이번에 내가 겪은 것도 똑같은 실패는 아닙니다. 그러니 반복된 실패라 해도, 괜찮아요. 결코 똑같지 않고, 무의미하지도 않아요. 새로운 것이 생겨났으니까요.

물론 실패가 없던 일이 되는 것은 아니죠. 똑같지는 않아도 실패가 누적된다면 몸과 마음이 너덜너덜해집니다. 아무렇지 않은 척할 수도 없고요. 아렌트는 의도하거나 예상하지 못했던 실패도 실패라고 인정합니다. 일단은 받아들이는 것이지요. 일어난 일을 없었던 것처럼 무시할 수는 없으니까요. 이미 시간이 흘렀고, 나는 영향을 받아버렸습니다. 완벽한 복구는 불가능합니다.

그러나 앞서 이야기했듯이 우리는 또 다른 행위가 태어날 가능성을 갖고 있습니다. 아렌트는 복구할 수 없는 것에 대해 우리가 할 수 있는 행위를 '반성과 약속'이라고 말합니다. 되돌릴 수 없는 일을 되돌리려 무모하게 힘을 쏟는 대신, 우리는 지난 행동이 어떤 것이었는지를 생각해보고 다음번에는 다르게 행동하겠다는 다짐을 할 수 있습니다. 새로운 행위를 낳는 거죠. 다음번에는 좀 더 다양한 수단을 생각하거나, 생활 리듬을 다르게 만들어볼 수 있겠죠. 물론 다음번에는 다르게 하겠다는 약속은 그 실천이 중요할 것입니다.

어떤 실패 앞에서도 기회를 주세요

그런데 다음번에 다르게 행동하기 위해 반드시 필요한 것이 있습니다. 바로 다르게 행동할 수 있는 기회입니다. 예측 불가하기 때문에 결코 보장할 수 없는 그 약속에 다시 한번 기회를 주는 일을 아렌트는 '용서'라는 말로 표현합니다. 물론 아렌트는 개인적 차원이 아니라, 역사적이고 정치적인 맥락에서 논의하고 있지만요.

실패를 경험한 뒤 우리는 선택할 수 있습니다. 어떤 시도도 하지 않고, 나 자신을 탓하고 비난하며 멈춰서는 일을 선택할 수도 있죠. 그런데 그런 선택이야말로 이미 많이 해본 선택 아닐까요? 우리에게 필요한 것은 두려움으로 내 발을 묶는 것이 아니라 움직이는 일입니다. 다르게 만들어갈 기회를 주는 일이지요. 도전이든 작별이든, 제3의 선택이든, 그 무엇이 되었든 행동할 기회를 얻지 못하면 우리는 다음으로 나아갈 수 없으니까요. 지금까지의 행동과는 또 다른 행동을 하기 위해서, 지금의 실패에 머물지 않고 그다음으로 넘어가기 위해서 우리는 나 자신에게 기회를 주는 일에 인색하지 않을 필요가 있습니다. 나를 용서하고, 기회를 주세요.

우리는 어쩌면 앞으로도 계속해서 실패의 시간, 괴로운 시간을 맞이할 수도 있습니다. 그렇더라도 나는 이미 다르게 생각하고 행동하고 있습니다. 처음의 도전과 지금의 도전, 그리고 그 도전마다의 내 생각은 결코 같지 않습니다. 우리는 그렇게 조금씩 나아가고 있습니다. 매번 새롭게 뛰어들고, 새롭게 기뻐하고 아파하면서 말이죠.

나는 좋은 사람일까요?
좋은 사람은 어떤 사람일까요?

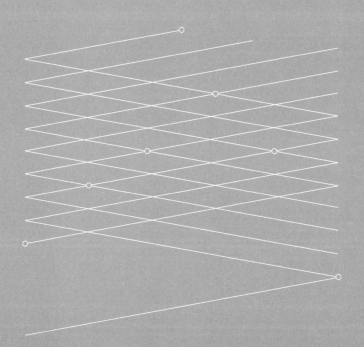

나만 애쓴다고 느껴질 때

with 아리스토텔레스

#친구사이 #나서운해 #기울어진관계 #나만노력하니 #아리스토텔레스
#당신의우정유형은 #어른의우정 #존중한다면거리두기
#중요한것에는시간이필요해 #나라는친구

나만 좋아하는 것 같아요. 나만 연락하고, 나만 만나자고 하는 것 같은 기분이 들어요. 그 친구랑 자주 보고 싶고 더 이야기하고 싶고 더 많은 것을 하고 싶은데, 그 친구는 다른 친구들을 더 좋아하는 것 같아요. 이 관계에 나만 애쓰는 것 같아서, 이 관계가 나에게만 소중한 것 같아서 마음이 아픕니다. 제가 친구 관계에 너무 기대가 큰 것일까요, 아니면 상대가 저를 그렇게 대하도록 뭔가 잘못하고 있는 것일까요?

사실은 서운해, 기울어진 관계

이런 고민은 보통 또래 집단이 강력한 영향을 미치는 청소년기에 많이 한다고 하지만, 삶이 참 재미있는 것이 나이가 들었다고 해서 이런 고민을 안 하게 되는 것은 아니라는 점입니다. 어릴 적엔 다들 그런 말을 하니까 그 사이에서 대놓고 내 고민, 내 상처를 말할 수나 있지 나이가 들고부터는 나만 유치한 것 같아서 더 말도 못 하고 혼자 속상하지 않나요.

친구 사이에 대한 고민은 친구가 있는 한 계속됩니다. 나이가

든다고 친구에 대한 애정, 기대가 사라지는 것은 아니니까요. 여전히 서운하고 여전히 속상하지요. 할아버지, 할머니가 되어도 다툰다고 하잖아요. 물론 선연락, 연락횟수, 빈도를 일일이 따지기 때문만은 아닙니다. 매일같이 얼굴 보고 신나게 수다를 떨고 친구가 나를 먼저 찾아도 딱 꼬집어 말하기 어렵게 서운하고 거리감이 느껴지기도 하거든요. 뭐가 되었든 너와 나 사이 관계의 저울이 균형을 잃고, 어느 한쪽으로 과하게 기울어져 있을 때가 문제가 되지요.

그것은 우정의 본성이 서로를 '동등하게' 존중하는 균형 잡힌 관계에 있기 때문입니다. 고대 그리스의 철학자 아리스토텔레스Aristoteles는 우리가 익히 아는 '철학적 문제'만이 아니라 생물학, 식물학, 지질학, 기후학 등 오늘날 우리가 생각할 수 있는 거의 모든 존재에 관해 탐구했는데요. 당연히 가장 많은 관심을 기울인 것은 인간 존재입니다. 그리고 거기엔 친구에 관한 논의도 포함되지요.

아리스토텔레스는 지나치지 않은 '중용'의 미덕을 삶의 습관이 될 때까지 실천하고 익히라고 안내하는 윤리학으로도 잘 알려져 있습니다. 아리스토텔레스에게는 우정 역시 어느 한쪽으로 지나치게 치우치지 않는 중용의 미덕을 요구합니다. 우정은 고대 그리스에서 필리아Philia라 불렸던 것에 속합니다. 필리아는 좋아함이나 사랑함이라는 의미로 번역되기도 하는데 우애와 애정을 모두 포함하는 넓은 의미로서, '친애'로 이해할 수 있습니다. 가장 단순하게는 좋아하여 가까이 지내고 싶어 하는 마음이지요.

그래서 또래 친구만이 아니라, 다양한 관계가 친애 관계로 성립될 수 있습니다. 나이, 피부색, 종교, 정치적 신념, 물리적 거리 등과는 상관이 없습니다. 영화에 나오는 것처럼 어린 소년과 할아버지 간에도, 설령 서로의 언어가 달라도 성립할 수 있는 것이 바로 이 친애 관계입니다. 아리스토텔레스에게 우정은 오늘날 우리가 친구라고 생각하는 이미지보다 훨씬 광범위한 것이죠. 이렇게 폭넓은 우정에 유일한 기준이 있다면 쌍방이 서로 호감을 갖는 유익한 관계라는 점입니다. 그래서 아리스토텔레스는 친구란 서로에게 같은 것ㅡ바로 친애의 마음이죠ㅡ을 주고받으며 성립되는 관계라고 말합니다.

나의 우정은 어떤 유형일까

하지만 모든 우정이 같은 유형은 아닙니다. 아리스토텔레스는 우정의 유형을 서로에 대한 친애의 마음이 무엇에 근거하는지에 따라 세 가지로 구분합니다.

하나는 '쓸모 있는 우정'입니다. 생존 활동을 하며 유익함을 나누는 친애 관계가 바로 이 유형에 속합니다. 말하자면 좋은 비즈니스 관계라고도 할 수 있겠죠. 음, 이것도 우정인가? 약간 수상쩍게 들리지만 친애할 수 있는 비즈니스 관계는 무척 소중하니까요. 현대인은 업무가 일상의 대부분을 차지하고 있는 걸요.

꼭 필요하지만 치 떨리는 사이와 일하고 있다면 일상이 얼마나 고단해지겠어요. 여러분의 학교 동기, 직장 사람들을 떠올려보면 그 중요성을 실감할 수 있을 것입니다. 전우 관계도 이 유형의 친애 관계입니다. 여러 의미의 생존 전투 상황에서 친애 관계가 생겨날 수 있는 것이죠. 그런 활동을 함께한다는 바로 그 이유 때문에 친애의 마음이 생기기도 하고요.

두 번째 유형은 '즐기는 우정'입니다. 말하자면 '놀이 친구'라고 할 수 있겠네요. 친구 그룹 중에서도 이것을 할 때는 유독 이 친구와 죽이 잘 맞는다, 평소에 아주 가깝지는 않아도 저것을 할 때는 꼭 이 사람한테 연락한다! 하는 사람이 있죠. 그 사람과의 관계가 이 유형의 우정에 포함됩니다. 아리스토텔레스는 즐거운 행동을 함께하는 관계에서 생겨난 친애 관계라고 표현합니다. 술 친구, 게임 친구, 낚시 친구, 덕후 친구, 각종 동호회나 커뮤니티 활동에서 생겨난 우정이 여기에 들어갈 수 있겠죠. 이렇게 두 가지 유형만 생각해봐도 우리가 친구로 사귈 수 있는 사람의 범위는 무척 넓어집니다.

마지막 유형은 서로에 대한 '인간적 존경심'으로 친애 관계가 형성된 친구 사이입니다. 그리고 아리스토텔레스에게 가장 귀하고, 가장 추구할 만한 가치가 있는 우정은 바로 이 유형입니다. 유용함 덕에 친해진 관계는 더 이상 서로가 유익하지 않을 때 깨어지기 쉽지요. 내 형편이 좋을 때는 그렇게 친한 척하더니 내가 힘들게 되었을 때 손 내밀어주는 동료는 몇 없더라, 하는 이야기를 많이 들어본 것처럼요. 또한 내가 좋아했던 놀이 혹은 활동이 더 이상 이전처럼 즐겁지 않을 때 그로 인해 친했던 관계가 유지되기는 쉽지 않습니다. 상대와 함께 노는 일이 더 이상 즐겁지 않을 때에도 다른 놀이친구를 찾아가게 되고요.

물론 이런 계기로 생겨난 우정이 전부 그렇다는 의미는 아닙니다. 중요한 것은 시작점이 아니라 이 좋은 관계의 핵심 근거가 어디에 있는지입니다. 사람들이 소위 '진짜' 친구, '내 사람'을 가르는 것 역시 이런 생각 때문은 아닐까요? 나를 좋아하는 사람 중에서도 쉽게 변하지 않고, 나의 조건이나 특정 활동'보다' 나라는 사람 자체를 좋아하는 사람을 바라는 것이죠. 아리스토텔레스가 분류한 것 중 인간적 존경심으로 형성된 우정과 일맥상통한다고 생각할 수 있습니다. 다른 조건이 아닌 사람 자체에 우정의 핵심이 놓여 있으니까요.

아리스토텔레스가 권유하는 친구 사이, 좋은 우정은 서로가 서로를 그 사람 자체로 좋아하는 관계입니다. 그 사람이 내게 쓸모 있는 것을 줄 수 있거나 나를 신나고 재미있게 해주는 사람, 내가 좋아하는 활동을 같이 즐겨줄 수 있는 사람이 아니어도 상대를 좋아하고, 가까운 관계로 계속 교류하며 지내고 싶은 것이죠. 말 그대로 그 사람이라는 인간 자체에 반한 관계라고 할 수 있습니다. 이 사람 참 괜찮다, 믿을 만하다, 좋은 사람인 것 같다고 생각되는 사람과의 관계요.

존경한다면, 거리 두기

우리는 어떤 사람에게 인간적으로 반하게 될까요? 지금 내가 머릿속으로 떠올리는 반할 만한 인간 유형에는 여러 가지가 있을 수 있습니다. 아리스토텔레스에게 그 여러 인간 유형의 공통점은 충실한 삶을 추구하는 사람이라는 것입니다. 그의 철학 용어로는 탁월성을 추구하는 사람입니다. 탁월하다는 것은 뛰어나다는 뜻이죠. 아리스토텔레스에게 탁월성을 추구하는 사람이란 사람으로 태어나 사람으로 살아가는 그 일을 뛰어나게 잘하려고 노력하는 사람입니다. 간단히 말하면 좋은 사람으로 살고자 노력하는 사람이죠.

좋은 사람, 충실한 삶이란 인간의 본성과 관련이 있습니다. 아리스토텔레스는 사람답게 잘 사는 사람, 좋은 사람을 인간이라는 존재의 본성에 충실한 사람이라고 생각합니다. 웰빙^{well-being}이라는 개념은 이런 생각에서 유래하였습니다. 웰빙은 말 그대로 잘 존재함이라는 뜻이니까요. 그렇다면 인간 존재의 본성은 무엇일까요? 아리스토텔레스는 이성적이고 정치적인 동물이라고 대답합니다. 이성적이라는 것은 생각하고 이해할 수 있으며 그 힘을 중심으로 나머지 것, 생존 본능, 감정, 기타 욕망 등을 조화롭게 조정하며 살아갈 수 있다는 뜻입니다. 그리고 정치적 동물이란 '인간은 반드시 공동체 속에서 타인과 관계를 맺으며 살아갈 수밖에 없다'는 의미입니다. 이건 꼭 물리적 조건의 문제는 아니고요. 관계를 맺고, 부딪히고, 타협하고, 다시 새로운 관계를 만들어감으로써 사람으로서 성장할 수 있다는 뜻이죠.

과연 나는 이성적이고 정치적으로 살고자 노력하는 사람일까요? 사람 자체를 좋아한다는 게 이런 뜻이라면 나라는 사람을 좋아했으면 하고 바라는 일이 조금 어려울 것 같다는 의심도 듭니다. 그런데 생각해보면 사람들은 의외로 이렇게 살아요. 다들 가능하면 좋은 선택을 하려고 하고, 관계 속에서 부딪히면서 가능한 한 적절한 관계를 만들려고 하지요. 그래서 지금처럼 관계에 대해 고민하거나 상처받기도 하는 것이고요.

우리가 여기서 주목할 부분은 내가 내 인생을 충실히 살려고 할 때 내가 어떤 일을 겪게 되는지입니다. '충실히 산다는 것은 가능하면 좋은 선택을 하고 좋은 관계를 만들려고 노력하는 일입니다'라고 대답하기는 쉽지만 실제로 내 삶의 매 순간마다 이를 실천하기란 정말 어렵습니다. 저는 철학 전공자이고 이런 내용으로 강의를 하지만 자주 '아, 인생 정말 뭘까?'라는 생각이 들거든요. 좋은 선택은 무엇이고 좋은 관계는 무엇인가요? 아무리 머리를 쓰고 노력해도 나의 모든 선택과 결과가 항상 좋은 것만은 아닙니다. 그도 그럴 것이 내가 머리 쓰고 노력하는 동안 남들도 그러고 있으니까요. 서로가 생각하는 좋은 선택이 부딪히는 일은 아주 빈번합니다.

내가 좋아하는 그 사람 역시 그렇게 고민하고 애를 쓰며 살고 있겠지요? 게다가 그 사람의 그 노력을 내가 대신해줄 수는 없습니다. 나는 그 사람이 아니니까요. 단지 대리시험을 쳐줄 수 없다는 의미는 아닙니다. 아무리 내가 머리 터지게 고민해도 그 사람의 바로 그 입장, 그 시선, 지금까지 살아온 경험이 내 것이 아닌 이상 내가 생각하는 최선은 내 입장의 최선일 뿐입니다. 그러므로 우리가 좋아하는 사람을 위해서 해줄 수 있는 가장 기본적인, 그러나 가장 중요한 일은 그와 나의 동등함에 대한 인정입니다. 내가 좋아하는 그 친구 역시 나처럼, 나와 동등하게 자기 나름의 삶에 충실하려고 애쓰는 사람이라는 마음이요.

이 사실을 인정한다면 우리는 우정에 거리 유지가 필수 조건이라는 것을 알게 됩니다. 상대에게 나처럼, 나와 똑같이 생각하고 느끼고 반응하고 선택할 것을 강요할 수 없게 되는 것이지요. 그러므로 내가 상대와의 관계에서 내가 가장 우선해야 하는 것은 나의 좋아하는 마음, 내가 만들고 싶은 우정의 형태, 내가 하고 싶은 일이 아닙니다. 가장 우선해야 하는 것은 그는 그만의 인생을 사는 존재이며, 자신의 삶을 살기 위해 노력하는 중이라는 사실입니다. 이것이 바로 사람을 존경한다는 말의 의미입니다. 그래서 아리스토텔레스가 가장 좋은 우정으로 '인간적 존경심'에 근거한 친애를 꼽은 것입니다.

쿨하고 느슨한 어른의 우정?

우리는 종종 혹은 자주 친구의 마음과 나의 마음이 일치하기를 바랍니다. 친구는 나의 기쁨을 나처럼 기뻐해주는 사람이라는 말처럼요. 그러나 상대를 존중한다면 우리의 마음이 늘 일치할 수 없다는 것 또한 받아들일 수밖에 없습니다. 상대가 나를 우선해주기를 바란다면 나 역시 상대를 우선해야 하고, 우선한다는 말에는 내가 바라는 것과 우리의 관계가 다를 수 있다는 것을 포용하는 것 또한 포함됩니다. 내가 그 사람에게 진실되게, 열과 성을 다하여 배려하고 베푼다고 내가 그와 똑같은 정도, 똑같은 방식으로 돌려받을 수는 없습니다.

아리스토텔레스만이 아니라 동서양의 철학자들이 말하는 우정은 대개 이런 거리 두기를 포함합니다. 사랑은 철학자에 따라 두 사람이 서로 자신을 '버리고' 제3의 새로운 관계를 형성하는 것으로 비유되기도 하지만, 우정은 좀처럼 그렇게 비유되지 않습니다. 우정은 나를 버리는 일이 아닙니다. 오히려 우정은 각자가 만들려는 '나'를 존중하고 그런 '나'들이 서로 관계를 맺는 일입니다. 각자가 만들어가는 '나'의 자유와 이를 위해 노력해야 할 시간을 인정하고 존중하기 위해 충분한 거리를 요구하죠. 철학자들이 말하는 우정은 의외로 건조합니다. 감정이 핵심이 아니거든요.

철학자에게 우정이란 서로를 충분히 염려하며, 조건에 따라 상대를 평가하지 않고 변함없는 친애를 보낸다는 점에서는 다정하지만, 한편으로는 쿨하고 느슨한 관계죠. 이런 것이 '어른'의 우정일까요? 하지만 나는 이미 꽤 나이를 먹었는데도 그렇게는 잘 안 되는 걸요. 결국 나는 늘 더 많이 좋아하고 더 많이 신경 쓰면서도 참고 참으며 상대의 교제 방식을 존중할 수밖에 없는 것일까요? 내가 마음 아프고 쓸쓸해지는 것이 내 우정의 결말일까요?

중요한 것에는 시간을 들여서, 균형을 잡아가며

꼭 그렇게 결론 지을 필요는 없습니다. 쿨하기 위해서는 열기를 다 뽑아내는 일이 필요합니다. 열정을 다 했을 때에야 쿨할 수 있는 것이죠. 우리는 나만 너무 아프지 않은 우정을 위해 어떤 열정을 발휘할 수 있을까요?

일단 철학자들은 친구를 천천히 만들라고 조언합니다. 로마의 정치가이자 스토아 학파에 속하는 루시우스 세네카Lucius Seneca는 그가 당신의 우정을 받을 만한 사람인지, 그 사람을 먼저 잘 살펴보고 이해하라고 조언합니다. 그의 조언을 약간 변형하여, 상대가 내가 바라는 친구 관계의 방식, 온도, 활동 등에서 나와 비슷한 것을 추구하는 사람인지를 먼저 살펴볼 수 있겠지요.

꼭 비슷한 사람을 찾지 않아도 괜찮아요. 다만, 지금까지의 속도보다는 조금 속도를 낮추고, 지금까지보다 더 많이 살펴보는 것이 핵심입니다. 나와 그 사람이 서로 추구하는 것, 좋아하는 것을 견주어 보기 위해서는 나 자신이 어떤 사람인지도 잘 살펴보아야겠지요. 중요한 일일수록 시간이 필요합니다. 생 텍쥐페리Saint Exupery의 어린왕자에서 서로에게 소중한 친구가 되는 여유와 어린왕자도 친구가 되기 위해 서로를 길들이고 길들여지는 시간을 갖잖아요. 그리고 그 시간은 누구에게 얼마만큼이면 충분해,라고 딱 잘라 결정짓거나 정해져 있는 것은 아니겠지요.

아리스토텔레스라면 아마 '네가 생각했던 것보다 더 많은 사람과 더 다양한 방식으로 친구가 될 수 있다는 사실을 잊지 말라'고 말해줄 것 같아요. 내 마음 안에서 우정의 스펙트럼을 넓히는 일을 시도해보는 것이죠. 나이가 달라도, 살아온 방식이 달라도, 취미가 달라도, 우리는 친구가 될 수 있습니다. 몇 살이 되어도, 누구와도 시작할 수 있는 것이 친구 관계입니다.

아리스토텔레스는 두 번째로, 지금의 그 관계는 동등한 관계이니?라고 물을 것 같아요. 나 혼자만 신경을 쓰는 것 같아서 마음이 아프거나, 상대는 나를 일종의 감정 쓰레기통으로만 여기는 것 같거나, 경우는 다르지만 치우친 관계라고 생각되면 상대가 나를 동등하게 존중하는지를 생각해보세요. 상대가 내가 상대에게 하는 것에 정확하게 비례해서, 혹은 내가 상대를 대하듯 나를 대하지 않을 수는 있습니다. 똑같이 대하는 것은 불가능하고, 똑같이 대해주기를 바라는 것은 불합리한 일이에요. 상대는 나와 다른 사람이고 다른 환경에서 다르게 자랐으니, 말이나 행동이 나와 다른 것이 당연합니다. 그런데 상대 역시 상대와 당신과의 그 차이를 염려하고 배려하나요?

만일 기본적인 친애와 존중이 무너졌다고 느낀다면 그 관계에는 이제 다른 판단과 행동이 필요합니다. 그 사람의 마음에 들고자 하는 노력, 나를 낮추고 친구만을 배려하는 노력이 우정에 필요한 전부는 아닙니다.

나를 나의 친구처럼

그런데 사람은 '상대가 나를 존중하고 있으며 우리가 거리감이 있는 것은 단지 서로 다르기 때문이다'라는 생각에도 마음이 아플 수 있습니다. 우리 둘은 서로 다른 사람이라서 서로 대하는 것이 다르고 거리 두기가 필요하다는 사실이 쉽게 받아들여지지 않지요. 누구에게는 가족이나 애인이 무척 중요한 관계이겠지만 또 누구에게는 친구 관계가 가족이나 애인보다 더 중요한 삶의 기반이 되기 때문입니다.

반대로 생각하면 우리가 아픈 것은 그토록 중요한 관계에 뛰어들었기 때문입니다. 그만큼 나에게 중요한 것에 대해 열심히 애를 썼기 때문에 내 뜻 같지 않은 지금이 더욱 아픈 것이죠. 그러니 내가 이 관계에서 느끼는 아픔은 잘못된 것이 아닙니다. 나의 아픔은 내가 삶에서 중요하게 여기는 것과 닿아 있습니다. 우리는 이런 과정을 통해 나 자신과, 내 뜻대로는 되지 않는 관계에 대한 이해와 경험을 쌓아가는 중입니다.

무척 좋아하고 무척 바랐던 것이 내 뜻 같지 않을 때, 우리의 마음은 슬프고 아프죠. 그러다가 지치기도 하고요. 뭐가 뭔지 모르게 되는 것이지요. 지친 친구에게 우리는 무엇을 어떻게 해줄 수 있을까요? 그 친구가 슬픔을 느끼는 시간을 내어줄 수 있으면 좋겠습니다. 슬픔에 대해서 비난하거나 평가하지 않고요. 내가 뭘 잘못했을까? 이 관계에 너무 큰 애착을 둔 것? 너무 노력한 것? 우정에 관한 생각 자체? 어쩌면 그런 반성을 통해 개선점을 찾을 수도 있겠죠. 그러나 친구가 힘들어할 때 우리가 그런 말부터 하지는 않잖아요. 사람의 슬픔이나 지침은 평가로 사라지는 것이 아닙니다.

나 자신을 이렇게 친구를 대하듯이 대해주세요. 적절한 거리 두기가 어려울 때는 앞뒤 좌우 어디로도 여유 공간이 없다고 느껴질 때거든요. 자신의 슬픔, 실망, 분노 등을 마음 깊은 곳에 숨기고 괜찮은 척하지 않을 때, 그리하여 감정을 그대로 느낄 수 있을 때 우리 마음에도 조금의 여백이 생깁니다. 감정을 억누르지 않는 만큼의 공간이 생기는 것이지요. 정말 개선하거나 새로이 시도해보고 싶은 것은 그때부터 생각하고 실천해도 좋습니다.

II

부모와 잘 지내는 법을 모르는 당신에게

with 율곡 이이

#가족 #부모님 #효도 #율곡이이 #애정 #애증 #의무 #사랑이고싶은데
#결국은인간관계 #이상적인부모자식은없다

어느 날 부모님의 등이 작아 보이면 그때 어른이 되는 것이라는 말이 있습니다. 나이를 먹고 보니, 어린 나이에 나를 낳아 나의 부모 노릇을 하던 그때의 엄마 아빠는 너무나 젊었다는 생각이 들기도 합니다. 부모 됨의 경험을 하는 사람들은 자신의 부모님에 대해 더욱 여러 가지 마음이 들 것입니다. 이제야 이해가 되기도 하고, 더 미안하기도 하고, 더 애틋하기도 하고요.

그런데 부모님만 어른이고 나는 아직 어른이 아니던 시절을 지났다 해도 부모님과의 관계가 더 쉬워지는 것은 아닙니다. 오히려 더 크게 부딪히기도 하지요. 자기의 생각과 삶의 모양이 굳어진 성인들 간의 관계이니 그 화합이 쉬울 리 있나요. 게다가 어른이 되었기에 거꾸로 어린 시절에는 잘 모른 채 지나갔던 관계의 상처를 새삼 자각하게 되기도 합니다. 내가 성인이 된 만큼 부모에 대한 책임감과 의무감이 더 커지기도 하고요. 그러니 사실 언제든 쉽지 않은 것이 물보다 진하다고들 하는 부모 자식 관계입니다.

조선 유학의 프로페셔널 효도

어떻게 하면 부모님과 잘 지낼 수 있을까요? 그 '어떻게'의 대표적인 답변이 효도입니다. 우리는 어릴 적부터 부모님께 효도해야 한다고 배우며 자랍니다. 그런데 정작 효도가 무엇인지 생각해본 적이 있을까요? 막상 효란 무엇인가? 뒤에 따르는 이야기를 구체적으로 배운 적은 없는 것 같습니다. 혹은 배웠어도 너무 쉽게 지나쳐 아주 잊었거나요.

'효' 하면 떠오르는 대표적인 철학인 유학, 특히 조선 유학자의 효 이야기를 먼저 검토해봅시다. 조선풍 효도라면 부모의 말에 무조건 순종해야 한다거나, 부모님 초상은 3년상을 치러야 한다거나 같은 이야기가 떠오릅니다. 종갓집 며느리들의 희생으로 이뤄지는 '남의 집 제사'. '대리 효도' 이미지도요. 의외로 유학자에게 효도는 철저히 셀프였고, 그 기준과 근거는 합리적입니다. 게다가 추상적이거나 어렵지 않다는 것에 큰 장점이 있습니다. 그들은 효도를 구체적으로 어떻게 실천하면 좋을지를 알려주는 효도 전문 코치라고 해도 좋을 정도로 친절히 안내해줍니다.

율곡 이이李珥는 우리에게 퇴계 이황李滉과 쌍벽을 이루는 성리학자이자, 현모양처의 이상인 신사임당의 아들로 잘 알려져 있습니다. 율곡은 실제로도 효심이 깊었습니다. 이론과 실천 모두를 겸비한 효도 선생님인 셈입니다.

율곡은 초심자를 위한 공부 안내서인 『격몽요결』에서 공부를 위한 지향점, 몸과 마음의 준비, 혼자 있을 때와 사람을 대할 때의 태도, 사회생활의 처세 등 거의 모든 것을 설명하고 있습니다. 이 공부는 사람다운 사람으로 살기 위한 공부로서 부모님을 대하는 일도 당연히 포함하고 있습니다. 여기에 우리가 익숙하게 아는 효의 이미지와 일치하면서도 의외로 융통성 있고 실용적인 권고들이 등장합니다.

부모와 잘 지내는 법을 모르는 당신에게
from 율곡 이이 선생님

먼저 율곡은 자기 멋대로만 행동하지 않고 부모님께 자세히 말씀드리고, 그 행동을 할 만한 근거가 충분하더라도 혹시나 부모님이 허락하지 않을 때는 그 행동을 바로 실천으로 옮겨서는 안 된다고 합니다. 허락하지 않으면 하지 말라고 무조건 금지를 하지 않는 점이 재미있지요. 부모님도 완벽한 사람은 아니어서 때로는 부모님이 사람다운 도리에 맞지 않는 생각이나 행동을 할 때도 있으니까요. 부모라고 항상 옳은 것은 아니거든요. 율곡은 만일 그렇다면 씩씩거리며 화내는 태도가 아니라 차분하게, 표정도 좋게 하며 말투도 부드럽게 부모님께 다시 이야기하라고 합니다. 그리고 쉽게 포기하지 말라고 합니다. 옳은 일이라면 그 같은 부드러운 태도로 반복해서 부모님을 납득시키라고요.

이후에는 매일 시간마다 부모님을 대하는 태도를 안내합니다. 아침에는 일찍 일어나 부모님이 간밤에 잘 지내셨는지, 몸 상태가 편안한지를 살피고, 밤에는 다시 부모님의 긴 밤이 편안할 것인지, 이부자리부터 부모님의 표정까지 살핍니다. 평소의 일과 중에는 부드럽고 따뜻한 표정과 얼굴로 공손히 부모님을 대하고, 어딘가를 다녀올 때는 반드시 알리고 인사를 합니다. 다녀올게요, 다녀왔습니다, 하는 거죠.

그리고 살림살이 또한 언급합니다. 살림을 맡아서 스스로 부모님을 위한 좋은 음식을 드릴 수 있어야 한다고요. 다만 그 시절에도 그만큼의 경제적 여유를 모두가 갖출 수는 없었는지, 많은 사람이 부모의 양육을 받지만 자기 힘으로 봉양하기는 어렵다는 말도 덧붙입니다. 자신의 사정 때문이든, 부모님이 원치 않아서든 자녀가 부모 몫까지의 살림을 맡지 않을 수도 있습니다. 그런 상황이어도 가능하면 부모님의 살림살이를 물심양면으로 돕고, 가능한 한 좋은 것을 대접하라고 합니다. 여기서도 재미있는 점은 진수성찬을 대접하라고 하기보다는 부모님의 입맛에 맞는 음식을 대접하라고 한다는 거죠.

또한 삶 전반의 태도와 특별한 상황에 대한 코치도 있습니다. 밖에 나갔다고 엄마 아빠는 아예 잊고 망나니 같은 행동을 하는 일, 그렇게 망나니처럼 노는 일만으로 허송세월하지 않는 것도 효도의 중요한 요건입니다. 물론 몸가짐을 삼가지 않고 말을 함부로 하며 노는 일로 세월을 보내서는 안 된다는 점잖은 표현을 쓰지만요. 한편 부모님이 편찮으신 상황에서는 다른 일보다 부모님이 쾌차하도록 부모님을 돌보는 일에 우선적으로 힘을 쓰라고 합니다. 부모님이 편찮으시다면 어차피 다른 일에 집중하기 쉽지 않고, 마음이 저절로 우울하고 얼굴빛이 어두워질 것이라 설명하면서요.

좋은 관계, 부모라고 예외가 아니다

모두 다 제대로 실천하려면 어렵지만, 하나씩 뜯어보면 그 실천이 어마무시하게 어려운 행동은 아닙니다. "너 좋은 사람으로 살고 싶니? 부모에게도 좋은 사람이어야 한단다"라는, 기본 원칙의 응용이지요. 무조건 부모님의 말에 따라야 한다는 이야기도 아니고요. "내 눈에 흙이 들어가도 안 된다!"라는 반대에 무릎 꿇어야 한다는 말은 어디에도 없습니다. 핵심은 무슨 일을 벌이기 전에 미리 충분히 설명하고 의논하라는 것입니다. 상대방과의 대화를 쉽게 포기하지 말라는 것도 포함해서요. 곧, 충실한 의사소통을 하라는 것이죠.

물론 아침에 일어나 간밤 부모님이 평안하셨는지 잘 살피라는 말은 힘겹게 일어나 등교, 출근하기 바쁘거나 올빼미 생활을 하는 우리가 그대로 따르기 쉬운 일은 아닙니다. 그러나 교류하는 상대방이 편안한지 불편한지를 염두하고, 상대의 낮과 밤이 안녕하기를 바라며, 만나거나 헤어질 때 입 다물고 쓱 사라지기보다 가능한 한 인사를 나누는 것은 모든 대인 관계의 기본이기도 합니다. 그래서 우리는 서로 '안녕? 밥 먹었어?', '그래, 오늘 밤에는 푹 쉬어, 잘 자' 하고 인사를 나누잖아요. 다 같은 마음인 거예요.

오히려 율곡의 이야기는 상당히 현실을 반영한 것처럼 보입니다. 부모 살림을 다 맡지 못할 수도 있다, 할 수 있는 한 도우라는 말이나 부모님이 편찮으시면 저절로 마음이 불편해진다는 이야기들이요. 게다가 집 바깥이라고 함부로 굴지 말고 놀고 먹으며 허송세월하지 말라는 말은 나 자신을 위한 말이기도 합니다. 암요, 제대로 하는 것도 없으면서 남에게 막말해서 뉴스에 나오는 갑질 철부지처럼 살 수는 없잖아요.

문제는 우리가 밖에서 가족이 아닌 다른 사람에게 하는 기본적인 예의를 부모에게는 잘 챙기지 못한다는 사실입니다. 그렇다고 정말로 못되게 군다고는 할 수 없지만요. 오늘의 여러분, 이달의 여러분은 어땠습니까? 바깥에서, 다른 일로 에너지를 다 쓰고 와서 집에서 부모님과 대화는 거의 없거나 웬만한 일은 통보하고, 조금만 말이 안 통하는 것 같아도 목소리 높여 짜증 내는 경우는 없었나요?

우리에게는 어쩌면 부모님께 그 같은 대인 관계의 기본 예의를 지키는 일에서 면제되기 바라는 마음이 있는 듯합니다. 가족이고, 부모니까요. 밖에서 일을 하기도 피곤한데, 내 앞가림 하는 일도 너무 힘든데 부모님의 이런저런 이야기를 신경 써서 묻고, 듣고, 대답해주고 부모님이랑 약속 잡아서 외출하고 같이 여행 가서 내가 가이드를 다 해야 하고… 때로는 이런 것이 애정이라기보다 의무처럼 느껴지는 것이지요.

애정이 아니라 의무 관계라 힘들어요

의무의 핵심은 '반드시 해야 한다'는 것입니다. 반드시 해야 하는 주인공이 나이기 때문에 의무감은 부담감과도 이어집니다. 남에게 떠넘길 수 없기 때문입니다. 그런데 어렸을 때에는 부모와의 관계에서 대인 관계의 기본 예의가 의무로서 '강하게' 요구되지 않았거든요. 물론 어렸을 때는 부모님의 지도를 더 따랐겠지만 대신 그때는 미숙함도 인정이 되었습니다. 어린아이가 떼쓰고 울고 투정 부릴 때 훈육을 하기야 하지만 어려서 그럴 수도 있으려니 하고 넘어가잖아요. 아직 자라는 중이니까 배우고 따르는 법을 먼저 익히는 것이 중요하지만 동시에 모두가 해야 하는 일을 잘하지 못해도 이해해 줄 여지가 있습니다.

그러나 나 역시 부모와 같은 성년이 되었을 때, 이 의무는 말 그대로 나를 압박합니다. 결혼을 하여 양가 부모님을 모두 챙겨야 하거나, 미혼인 경우에도 따로 나와 살아서 더 이상 부모님과의 관계가 당연한 일상 속 관계가 아니게 될 때 우리의 의무는 더 많아지고, 무겁게 느껴집니다. 오랜만에 만나는 관계인데 매일 집에서 보던 것처럼 아빠 나 나갔다 올게 한마디 하고 헤어질 수는 없잖아요. 부모님은 오랜만에 만난 나를 다른 좋은 관계 대하듯 음식을 권하고, 말을 걸고 대화를 통해 그간의 일을 공유하는 식으로 대하는데 나만 그 의무에서 면제되기를 바라는 것은 일종의 어리광입니다. 나는 부모에게 여전히 의무를 면제받을 여지가 있는 어린아이이기를 바라는 것이죠.

하지만 어리광 부리지 말고 어른의 책임을 다하라는 관점만으로는 부족합니다. 내가 이 관계를 의무로 느끼는 것이 힘든 이유 중 하나는 나에게 부모를 기꺼이 좋아하고 싶은 마음이 있기 때문입니다. 의무라 여겨지는 것을 우리가 자발적으로 선택하여 할 수도 있지만, 대개는 '의무'라고 인식하면 그 일은 강제적인 것으로 느껴집니다. 내가 자발적으로 기쁘게 선택했다는 기분이 잘 들지 않는 것이지요. 부모님을 대하는 일이 의무처럼 느껴질 때의 위화감은 단지 '피곤한데 엄마 아빠 나 좀 봐주면 안 돼?'만은 아닙니다. 가족은 비즈니스 관계, 고객 응대의 관계가 아니라 사랑의 관계인데 그게 아닌 것처럼 느껴지는 거예요. 자연스럽게 부모를 애정하고 싶은 것이지요. 효를 강조하는 유학에서도 그 근본은 정 곧, 마음에 있는 것이지 각 잡듯 딱 맞추어 획일화된 예절을 요구하지는 않습니다.

이상적인 가족, 실제로 우리에게 없었던 것

예외는 때로 애정의 증거이기도 합니다. 친밀한 관계에서 퇴

행적인 행동 곧, 어른 같지 않은 태도를 보일 수 있다는 것은 내가 그만큼 이 관계를 신뢰하고 안전하게 느낀다는 증거이기도 합니다. 열심히 세운 마음의 벽을 가까운 이에게는 좀 낮추는 것이지요. 그러니 어리광이 무조건 나쁘다고 할 수도 없습니다.

그러나 율곡은 대부분의 가족은 부모에 대한 공경보다 사랑이 더 넘쳐 문제가 된다고 말합니다. 사랑은 애착을 느끼며 아끼는 마음, 가까워지고 싶어 하는 마음이라면 공경은 어려워하고 조심스러워하는 거리 두기의 마음이라고 이해할 수 있습니다. 애착, 애정의 이름으로 사람을 통제하거나 구속하는 등 사람의 사람에 대한 존중을 넘어설 수도 있음을 조심하는 것이지요. 애착의 마음보다 중요한 것은 '경敬'의 마음, 곧 사람답게 살려고 하는 마음과 의지이기 때문입니다. 성리학에서 '경'은 더욱 깊은 의미이지만, 여기서는 이 정도로 이해하면 좋을 것 같습니다.

애정이 공경보다 넘치는 것을 주의하라는 율곡의 말을 우리는 '가족' 혹은 '부모 자식 관계', '애정'에 대해 의심 없이 믿었던 생각을 돌아볼 계기로 삼을 수 있습니다. 부모 자식 관계에서 애정이 전부가 아니듯, 부모에 대해 때로 의무감을 느끼거나 애정보다 더 큰 의무감을 느낀다고 해서 그것이 꼭 이상한 일이라거나 나쁜 관계라는 뜻은 아닙니다. 내가 생각한 부모와의 당연한 관계는 어떤 것인가요, 혹시 어렵지 않은 관계인가요? 어쩌면 어려운 것이 이 관계의 본성은 아닐까요?

아무도 개념적인 '이상적 부모 자식' 관계를 그대로 경험할 수는 없습니다. 율곡이 말했고, 우리에게도 익숙한 기본적인 방법과 태도 역시 모든 사람이 시간과 공을 들여 배우고 익힐 수 있는 것은 아닙니다. 현실에서는 부모가 자녀라는 '사람'을 함부로 대하는 경우도 있으니까요. 다른 사람을 대할 때 요구되는 자세를 부모에게만 다르게 하지 말라고 앞서 말했지만, 부모가 자녀에게 그러는 경우도 많습니다. 바깥에서는 좋은 사람이지만 집에서는 폭력적이거나 냉담한 부모일 수 있지요. 그래서 누군가는 다정한 말 한마디보다 방치와 분노를 먼저 배웠을 수 있습니다. 타인과의 의사소통에 시간과 에너지를 들이는 것이 비효율적이라고 배웠을 수도 있고요. 어린아이에게 그에 걸맞지 않은 무거운 역할을 '부모'라는 명목으로 요구하는 상황에서 커다란 압박감을 느끼며 자라났을 수도 있습니다. 그래서 타인을 대할 때 갖는 최소한의 호의와 신뢰를 오히려 부모에게는 느끼지 못할 수도 있고요. 그 경우 부모에게 남들에게 하듯 잘해야 한다는 생각은 이 관계를 대하는 일 자체를 더 힘겹게 만듭니다.

게다가 우리는 이제 나는 어리고 부모만 성인이었던, 이미 내가 경험해본 시기를 지나 한 번도 처음부터 끝까지 겪어본 적 없는, 나와 부모님 모두가 성인인 시기를 겪고 있습니다. 부모님이 나이가 들어가면서 내가 맡게 되는 역할도 더 많아지고 다양해집니다. 이유도, 형태도 관계마다 다르지만, 어찌 되었든 나와 부모 모두 이 관계에서 겪어본 적 없는 새로운 순간을 겪으며 이 관계를 새로이 만들어가는 것입니다.

결코 같지 않지만 동시에 같은 관계?

동서고금의 철학자들은 그 시대적 조건에 따라 가족을 다르게 규정해왔습니다. 어떤 철학자에게는 가족의 핵심 요건에 사랑이 들어가지 않습니다. 대신 경제적 관계가 들어가지요. 아리스토텔레스는 한 집에서 그 집의 경제의 한 축으로서 노동을 담당하는 노예 역시 가족으로 간주하거든요.

그러나 이처럼 다양한 가족 규정에도 공통적인 것은 부모 자식 관계는 비대칭 관계라는 생각입니다. 자식이 태어날 때 부모는 이 세상의 유경험자이고, 자녀의 생존과 성장을 위한 역할을 할 수 있는 힘을 지니고 있습니다. 꼭 잘 먹여 잘 키운다는 의미는 아니고요, 갓난 아기에게 보호자 역할이 무척 크다는 뜻입니다. 갓 태어난 자녀는 너무나 무력하고 취약하여 결코 혼자서는 살아남을 수 없으니까요. 부모에게는 자녀의 보호와 양육이 의무로 주어지고, 자녀는 부모로부터 이를 받는 존재입니다. 부모는 아이에게 당연히 돌려받을 일을 전제하지 않고 베푸는 존재입니다. 생명의 나고 자람은 갚을 수 있는 종류의 것이 아니며, 생명을 살리는 일은 그 일을 할 수 있음에도 그 의무를 회피한다면 그것이 부당한 일이기 때문입니다.

그러나 이 관계는 대칭적인 관계이기도 합니다. 부모가 나를 먹여 살렸듯 내가 성인이 되어 부모를 먹여 살릴 수 있게 되어서만은 아닙니다. 저마다 나름의 생각을 가지고 느끼고 결심하며 살아가는 사람이라는 점에서 우리는 대칭적 관계입니다. 나와 부모는 동등한 존재입니다. 내 인생을 내 생각대로 이끌고 싶기 때문에 때로는 부모와 충돌하고 대립하며, 때로는 벗어나기를 바랍니다. 부모님도 마찬가지고요. 부모님 역시 당신 나름의 생각과 경험을 통해 자신의 인생을 살아왔고, 살아가는 사람이기 때문이지요. 이 서로 다른 인생은 결코 같아질 수 없습니다.

　나와는 결코 같지 않은 사람을 어떻게 대해야 잘 대하는 것인가? 또 내가 잘 한다고 반드시 이 관계가 좋은 결실을 맺는가? 어떻게 해야 조화를 이룰 수 있는가? 이것은 모든 관계의 숙제입니다. 어쩌면 우리가 가장 마지막까지 붙잡고 있어야 할 것은 부모와의 관계에서도 가능하면 좋은 관계를 맺고 싶다는 열린 마음과 그 마음을 실천할 최소한의 여력일지도 모르겠습니다. 사회적 의사소통을 위한 최소한의 에너지를 부모와의 관계에서도 남겨두고, 관계가 잘되지 않을 때 잠시 쉬어가거나 도망칠 수 있는 용기도 남겨둡시다. 너무 여력이 없으면 관계를 잘 맺고 싶다는 마음마저 닳아버리니까요. 그러므로 우리 사회의 숙제는 사회가 개인의 전체 생애주기에서 관계를 위한 마음과 에너지를 충분히 허용하는지가 될 것입니다.

I2

타이밍을 놓친 관계의 응어리

with 자크 데리다

#그러려니할수없는 #지나온관계 #돌이킬수없는사건 #후회 #내가잘못했어
#네가용서가안돼 #데리다 #용서 #애도 #이해 #내게정말필요한것은

어렸을 때는 학교에서 반이 달라지면서 계속 새로운 사람을 만나고 그중에서 새로운 친구가 생기는 것처럼 언제까지고 새로운 사람을 계속계속 만날 수 있을 줄 알았어요. 사람과 헤어지는 것은 졸업해서, 멀리 이사 가서, 크게 싸워서, 상대가 정말 나빠서와 같이 아주 뚜렷한 몇 가지 이유 때문인 줄 알았고요. 하지만 그렇지 않다는 것을 시간과 함께 배웠습니다.

그러나 만나고 헤어짐은 사람의 일이라, 별일 없이 멀어지기도 하고 별일인 줄 알았으나 지나고 나니 그다지 별일이 아닌 것을 알아 다시 시작하려고 해도 관계에서 생겨난 응어리가 가시지 않아 결국은 잘 되지 않기도 합니다. 또는 여전히 교류는 있지만 과거의 불편했던 마음이 지워지지 않는 자국처럼 남아 있기도 하고요. 차마 굳이 다시 들추어서 물어보기도 뭣한 것들이 있는 관계가 있지 않나요? 지금에 와서 무엇을 어쩌자는 것은 아닌데, 여전히 마음에 남아 문득문득 수면 위로 올라오는 것들, 이를 뭐라고 부르면 좋을까요? 후회, 회한, 미련, 반성, 아니면 분노 혹은 원망일까요?

영화 '우리들' 이야기

윤가은 감독의 '우리들(2016)'이라는 영화를 친구들과 함께 본 적이 있습니다. 이 영화는 베를린 영화제 2개 부문 노미네이트 + 8개 국제영화제 초청으로 그 작품성을 인정받기도 했는데요. 거창한 수식어를 제외하고도 무척 재미있는 영화입니다. 이 영화는 우리 모두의 기억을 건드립니다. 누구라도 한 번쯤 경험했을 관계의 기쁨과 슬픔, 예기치 못했던 사건을 돌아보게 하지요.

영화의 주인공은 열두 살 '선'입니다. 선이는 두 명의 리더가 편을 가른 후, 자기가 팀원으로 삼고 싶은 친구를 한 명씩 호명하여 팀을 나누는 피구 시간에 긴장하는 아이입니다. 자신의 이름은 늘 마지막까지 남거든요. 요즈음 말하는 '학교폭력'인가 하면 그런 것은 아닙니다. 그냥 단짝 친구가 없고 딱히 무리가 없는 학생들 있잖아요. 애들이 나서서 적극적으로 끼워주진 않고 나도 다가가기 애매하고, 특별히 어필할 무엇인가도 없고 저절로 눈치를 보게 되고, 그런 거요.

그러나 선에게는 다행스럽게도 방학 동안 그 방학이 끝나면 선네 학교에 전학을 올 예정인 지아라는 절친이 생깁니다. 선과 지아는 둘만의 시간과 관계를 쌓아갑니다. 그런데 지아가 학원을 다니기 시작하면서 연락이 잘 되지 않는 거예요. 그리고 개학을 해보니 두둥! 지아는 학원에서 보라와 친해졌고, 보라는 선이 마음에 들지 않습니다. 지아는 선을 계속 멀리하고 그 와중에 선의 집도 조용하지만은 않습니다. 현실도 그렇잖아요. 보통 어려움은 몰려오지요. 이 모든 과정에서 관계는 아주 섬세하고도 스펙터클 버라이어티한 것으로 드러납니다. 영화의 반짝반짝 빛나는 비범함에 비해 너무 얄팍한 소개이군요.

선은 지아에게 계속 내처지면서도 계속 지아에 다가갑니다. 이렇게 관계가 변한 상황을 이해할 수 없기도 했고, 가장 중요한 건 선은 여전히 지아가 좋았으니까요. 여전히 지아와 놀고 싶고 지아와 공유하고 싶은 것이 많았습니다. 그러나 선이 할 수 있는 일은 하던 일 뿐입니다. 늘 그렇듯 인사하고, 다가가고, 함께 시간을 보내기를 청하는 일이요.

관계에 최선을 다하려는 선의 노력은 눈물겨웠습니다. 당황스러워할 때, 상처받을 때, 화낼 때, 맞설 때…. 그 모든 순간 선의 표정이 마음을 울렸습니다. 선은 정말 최선을 다했거든요. 어른이 된 지금은 오히려 그렇게 할 수 없을 정도로요. 잘 모르니까 겁 없이 최선을 다할 수 있을 때가 있잖아요. 이제는 내가 쿨하지 못한가? 집착인가? 상대에게 민폐는 아닌가? 내가 너무 못난 것 같은데? 저번의 그 같은 상처가 반복되면 어쩌지? 등 온갖 생각을 다 하며 상처받지 않는 것에, 어떻게 보일지에 더 많이 신경을 쓰게 될 것 같습니다.

네가 너에게 상처였다면

이 관계가 어긋나게 된 이유는 다른 친구들이 나빠서가 아니었습니다. 이 영화 속 아이들은 모두 평범한 보통의 아이들입니다. 다정하기도 하다가, 욱해서 심한 말도 했다가, 미안함을 느껴 눈치를 보기도 하고…. 그래서 더 마음이 아릿했어요. 누군가와 가까워지고 멀어지는 일이 반드시 그렇게 될 수밖에 없는 필연적 원인, 누구라도 알 수 있는 커다란 사건 때문이 아니라면, 어느 누구의 잘못이라고 딱 꼬집어 말할 수 없다면, 혹은 그런 잘잘못을 명백히 가렸지만 결국 내가 바랐던 그 관계로 돌아갈 수 없다면, 그렇다면 우리는 어떻게 해야 하는 것일까요?

영화의 주인공이 선이기에 영화를 보는 동안은 선에게 이입하며 마음 아파했지만 영화가 끝나고 나서 느낀 것은 일종의 죄책감이었습니다. 내 인생에 과연 내가 '선'인 경우만 있었을까요? 내가 선을 아프게 하고 멀어진 다른 친구 지아나 보라는 아니었을까요? 내가 어려서, 사람이 덜 되어서, 잘 몰라서 모르는 사이에 상대를 아프게 했던 일, 혹은 뭔가 어렴풋이 알면서도 그게 얼마나 아프고 나쁜 일인지 몰라서 상대에게 상처를 준 적이 과연 없었을까요? 물론 내가 아팠던 적도 있고, 서로 상처를 주고받았던 적도 있고, 나에게 나쁜 것만 준 사람을 만난 적도 있겠지만 그 사실이 내가 누군가에게 준 상처를 없던 것으로 만들어주지는 않습니다.

날 용서해줄래, 뒤늦게 찾아오는 신호

'이렇게 비가 내리는 밤에 난 너를 위해 기도해 아직도 나를 기억한다면 날 용서해주오.' 여행스케치의 '옛친구에게'라는 노래입니다. 나의 지난 어리석음, 후회, 미안함, 이제야 알아서 돌이킬 수 없는 것들, 그리하여 나에게도 그러려니 넘길 수 없이 남은 무언가, 작든 크든 그것들을 그때의 우리와는 너무 멀리 와버린 지금 나 혼자 용서해달라고 생각한다고 다 괜찮아질까요? 아니면 용서라는 말이 너무 거창할까요? 우리는 완벽한 존재가 아니고, 사람의 생은 잘못의 연속이기도 하니까요.

관계가 남긴 흔적, 관계의 응어리는 감히 타인이 규정할 수 없습니다. 타인에게는 너무 쉬웠던 한마디가 내게는 깊이 상처가 된 일도 있으니까요. 또 내가 타인에게 상처를 준 경우라면 인간은 서로 상처를 주고받으며 살고 있으니 '균형이 맞는 셈 치자'라는 식으로 넘어갈 권리가 과연 내게 있을까요?

저는 어떤 말의 여파를 아직도 마음에 지니고 있습니다. 흥미로운 것은 그때는 제가 상처받은 줄도 몰랐다는 거예요. 그 순간에는 무엇인가를 잘 이해하지 못하며 넘어가지만 이후에 뒤늦게 상처가 되는 것이 있습니다. 나쁜 의도가 아니었고, 그 사람의 성격이 본래 그런 면이 있다고 머리로는 이해하면서도, 그리고 그를 미워하지 않으면서도 그 흔적이 남는 일들이요. 그 일들은 비 오는 날이면 쑤시는 무릎처럼 이따금 자신의 존재를 드러냅니다. 한편으로 진정 악의적인 말과 행동, 오직 나를 공격하고 상처 내기 위한 목적으로 던져진 것들은 아예 기억 저편으로 묻어버리려 애를 씁니다. 떠올리는 것 자체가 힘들어서 밉다, 싫다, 원망한다고 말하기보다 차라리 꺼려진다고 말하는 편이 더 나은 것들입니다.

너무 이상하지요. 용서라는 말은 거창한 개념처럼 들려서 엄청 악의적이고 커다란 무엇인가에 대해서만 적용해야 할 것 같은데 정작 나에게 정말로 나쁘게 대한 사람은 용서를 할 수 없습니다. 아예 기억에서 지우고 싶으니까요. 그렇다면 우리는 누구도 용서할 수 없고 용서받을 수도 없는 것 아닐까요? 포스트모더니즘, 해체주의 등으로 유명한 프랑스의 철학자 자크 데리다Jacques Derrida는 용서의 이 같은 아이러니를 이야기합니다.

조건부 용서, 너의 마음이 편안하기 위해

『용서하다』에서 데리다는 '용서하다'라는 표현 및 이전의 용서에 관한 논의를 새로이 파헤치며 용서를 다시 생각해보기를 간청합니다. 우리가 생각하는 용서는 어떤 것일까요? 일단 용서는 받는 쪽과 하는 쪽이 있는 쌍방의 문제인 듯합니다. 또한 우리는 용서에 따로 '-하다'라는 말을 덧붙이지 않아도 용서가 어떤 종류의 움직임이라는 것을 이미 알고 있습니다. 용서는 정지된 물건이 아니라, 무엇인가를 하는 활동이니까요. 물건을 주고

받는 것이 아니라, 마음이 오가는 일인 것이지요. 그리고 용서는 대개 용서를 받아야 하는 쪽이 용서를 먼저 구할 것을 요구합니다. 일종의 자기 잘못에 대한 인정이자 고백이 필요한 것이지요. 자신의 잘못을 깊이 반성하지 않는다면 용서를 받을 '자격'이 없으니까요. 또한 잘못한 사람이 반성하고 용서를 구한다고 해서 무조건 용서가 이행되어야 하는 것은 아닙니다. 데리다는 일반적으로 인간의 경계를 넘어서거나, 어떤 범죄가 거의 괴물 수준의 행위가 되었을 때 '우리는 감히 용서를 거론할 수 없다고 생각한다'고 지적합니다. 그런 의미에서 용서에는 한계가 있고, 일종의 자격 조건이 요구됩니다.

우리도 흔히 용서를 위와 같이 생각합니다. 그러나 데리다는 이러한 용서를 '조건부 용서'라고 부르면서 용서가 정말 그런 것인가? 반문합니다. 일반적인 용서의 개념과는 또 다르게 생각해 보기를 권유하는 것이지요. 무엇보다 누군가 반드시 용서를 요청해야만, 용서의 한계 내에 있는 일이어야만, 용서에 상응하는 뉘우침이나 보상이 있어야만, 그리하여 용서받을 자격이 있다는 것을 증명해야만 용서의 자격이 생긴다는 조건을 검토해봅시다. 이러한 조건은 의외로 용서하려는 입장에 있는 사람에게도 너무나 힘든 일이 될 수 있습니다.

누구나 자신의 과오를 후회하고 반성하면서 용서를 구하는 것은 아니거든요. 나를 기만하고, 계속 기만하려고 하면서도 '배째라'는 식으로 나오는 사기꾼들이 있습니다. 때로는 가장 가까운 가족이 나를 그렇게 대하기도 합니다. 이들이 과연 나에게 용서를 구할까요? 거꾸로 나에게 잘못을 뒤집어씌우지나 않으면 다행입니다. 상대가 용서를 구할 때에만 용서할 수 있다면, 내가 용서하고 싶어도 용서할 수 없게 됩니다.

그러나 용서를 구하지도 않는 사람을 용서해야만 할까요? 왜요? 세상은 '네 자신의 마음이 편하게 용서하라'고 합니다. 이 역시 하나의 조건입니다. '[if] 당신의 마음이 편안해지기를 원한다면, [then] 용서를 하라'는 조건부 권유입니다. 데리다는 이 같은 경우, 용서는 용서라기보다 계산서에 따라 값을 지불하는 일과 같다고 이야기합니다. 나에게 해를 가하였으니 그에 상응하는 반성을 보이고, 나는 다시 그에 상응하는 용서를 부쳐주는 것입니다. 물품 거래를 하듯이요.

용서할 수 없는 사람을 용서하자는 말이 아닙니다. 우리가 흔히 생각하는 용서를 위한 조건이 잘못된 것이라는 뜻도 아니고요. 다만 용서를 조건과 한계가 있는 것으로만 생각할 때, 용서의 무게가 오히려 피해를 겪은 사람에게 넘어올 수 있다는 점에도 주의할 필요가 있습니다. 만일 내가 용서하는 쪽이고 상대가 '내가 용서를 청하며 이 정도 행동과 이 정도 말까지 했는데, 나더러 더 이상 어쩌란 말이냐'고 하면 아직 응어리가 남은 쪽은 어떻게 해야 할까요?

누군가는 용서하는 쪽의 마음이 온전히 채워질 때까지, 용서하는 쪽이 '이만하면 되었다'고 말할 때까지 용서를 구하는 행동을 하라고 합니다. 그 행동은 용서를 재촉하지 않고 기다리는 등 무엇인가를 '하지 않음'이나 기타 마음의 태도 역시 포함합니다. 하지만 '이만하면 되었다'를 어떻게 확신할 수 있을까요? 일어난 일은 없었던 것처럼 삭제될 수 없고, 지난 시간은 되돌릴 수 없습니다. 상대가 나에게 그만큼의 무게가 상응하는 것을 결코 돌려줄 수 없다면요? 혹은 상대가 '내가 A만큼 했으니 A만큼이라도 용서해달라'고 말 그대로, 교환식처럼 부분적 용서를 요구한다면요? 조건부 용서는 용서'할 수' 있는 쪽에도 큰 부담을 안깁니다.

용서는 불-가능하다

그래서 데리다는 용서의 본성이 무조건적인 것이라고 주장합니다. 아무런 자격이 없어도, 도무지 용서할 수 있는 선을 넘었어도 그런 것과 무관하게 일어나는 것이 용서라는 것입니다. 하지만 어떻게 그럴 수 있나요? 어떻게 '그냥' 용서가 가능합니까? 용서가 필요한 곳에서는 그만큼 용서하기가 어렵고, 용서가 필요하지 않은 곳에서는 용서할 필요가 없습니다. 그래서 데리다는 용서의 역설적인 '불가능성'을 강조합니다. 도무지 용서할 수 없을 것 같은 일에, 도무지 용서가 가능할 것 같지 않은 관계에서 일어나는 대가 없는 기부 같은 것이 참된 용서라고요. 불가능성에서 가능성이 태어나는 것이죠. 일종의 기적과 같은 사건입니다.

그러나 그런 용서는 평범한 사람이 할 수 있는 일이 아닙니다. 사실 데리다가 말하는 용서 개념 역시 세계대전과 홀로코스트라는 역사적인 사건에서 비롯한 주제입니다. 역사적 과오에 대한 용서는 일반적으로 생각하는 용서처럼 개인과 개인, 1:1의 관계만으로는 말할 수 없고, 법적인 문제 해결이나 사회적인 선언만으로 마무리되는 일이 아닙니다. 사람들은 용서하면 이야기가 끝난 것으로 이해하지만 실제로는 그럴 수 없습니다. 조건이 채워진다고 상흔이 사라지지는 않습니다. 데리다는 바로 그 점을 고민하는 것입니다. 비인간적인 시대를 거쳐 살아남은 사람들이 지난 시간을 자신의 삶 속에서 어떻게 소화할 수 있을지에 관한 고민이지요. 그래서 데리다의 용서는 특정한 개인에게 '해야 한다'고, 하는 일이 옳은 것이라고 명령하지 않습니다.

그러므로 우리의 평범한 삶, 평범한 관계에서 용서를 생각할 때 우리에게는 약간의 가감과 번역이 필요할 것 같습니다. 이렇게 말하면 어떨까요, 당신이 당신 마음의 응어리를 흘려보내고 놓아주고 싶어 할 때 반드시 우리가 알던 그 같은 용서가 필요한 것은 아니라고요. 상대가 당신이 바라던 그 모든 조건을 채워도 용서할 마음은 일어나지 않을 수 있습니다. 반대로 내가 상처 준 상대는 이미 스스로 자유로워졌고, 끝나지 않은 기억은 당신의 마음속에만 남아 있을 수도 있습니다. 그때 용서를 구하며 바라는 것은 사실 상대를 위하는 것이 아니라, 내 마음이 편해지기 위해서는 아닐까요? 그래서 조건부 용서는 때로 하고 싶어도, 청하고 싶어도 할 수가 없는 것이 됩니다. 반대로 조건부 용서를 하거나 받더라도, 어떤 응어리가 전부 사라진다고 보장할 수는 없습니다.

나에게 정말 필요한 것은

나에게 큰 상처를 준 사람 혹은 내가 큰 상처를 준 사람인데 '오, 용서 안 받아도 되는구나'라고 생각하라는 뜻은 아닙니다. 저는 여기서 의도적으로 우리의 회한이 무엇인지, 관계 개선이나 회복의 타이밍을 놓쳤다는 것이 어떤 것인지, 그로 인해 내 마음이 받는 영향이 구체적으로 무엇인지 언급하지 않았습니다. 남은 것의 정체가 무엇인지 확실히 규정하거나 규명하기 어렵기 때문입니다. 우리에게 필요한 것은 지나온 관계에 대한 내 마음속 응어리가 과연 어떤 것이며, 내가 무엇을 원하는지 살펴보는 일입니다.

내가 원하는 것은 용서인가요, 아니면 용서까지는 아닌 일인가요? 용서까지는 아닌 일이라면 내가 이 돌이킬 수 없는 것을 돌이켜보는 의미는 과연 무엇인가요? 내가 원하는 것은 망각인가요, 수용인가요, 긍정인가요? 어쩌면 내가 바라는 것은 지나간 일이 나에게 미친 영향을 인정하거나, 그때 미처 느끼지 못한 감정을 충분히 느낄 수 있는 시간인지도 모릅니다. 나는 어떤 관계의 어떤 사건에 대해 한참의 시간이 지난 이제라도 아파하거나 슬퍼하기를 바라는 것일 수도 있습니다. 어쩌면 반복되는 나쁜 기억에서 나를 보호하고, 조금은 다른 이야기를 짓고 싶어 하는 것일 수도 있고요. 이제야 깨닫게 된 무엇인가를 다시는 반복하지 않겠다고, 그 응어리가 떠오를 때마다 다짐하기를 바랄 수도 있습니다. 혹은 전부가 좋지는 않았으나 그 안의 무언가만큼은 여전히 가치 있는 것으로 간직하고 싶을 수도 있고요. 이제와 굳이 다시 꺼낼 수 없는 마음, 꺼낼 수 없는 말이 자꾸 떠오른다면, 그 말이 나에게 무엇을 전하고 있는지 살펴볼 수 있으면 좋겠습니다.

13

취향에 도덕이 필수조건인가요?

with 임마누엘 칸트

#취향 #예술 #도덕 #사람이나쁘지작품이나쁘냐 #칸트
#주관적느낌vs사회적시선 #고민의이유를생각해

'죄송합니다. 저의 신중하지 못한 언행으로 불편을 느끼신 모든 분들께 사과드립니다. 앞으로 더욱 신중한 사람이 되겠습니다'. 연예인 사과문의 흔한 패턴입니다. 그리고 보통은 맨 뒤에 한 줄이 더 있습니다. '향후 더 좋은 작품 활동으로 보답하겠습니다.' 이런 사과 형태가 흔한 만큼 그 밑에 달리는 댓글 또한 쉽게 떠올릴 수 있습니다. '죄송한데 왜 작품 활동으로 보답하지? 결국은 자기 이익 보는 일이지 그게 보답인가?'라는 의견이 한 축입니다. 그리고 또 다른 한 축은 '사람들은 금방 잊으니까 조금 쉬다가 나오겠지' 하며 물의를 일으킨 연예인의 작품을 소비하는 사람을 비난하는 의견입니다.

도박은 괜찮고 사기는 안 되나?

예술철학 강의를 하다 보면 이와 유사한 의문을 많이 만나게 됩니다. 보통 그때 당시 화제가 된 사건과 연관한 질문이 많이 나오죠. 불륜을 저지른 배우와 감독의 작품을 어떻게 받아들일 것인가, 성범죄를 저지르거나 도박, 탈세, 마약, 음주운전 등 여러 범죄를 일으킨 연예인들의 지난 작품이나 새로운 작품을 어떻게 대해야 하는가? 이와 관련하여 수용자에게 특정한 태도나 행동을 옳은 것이라고 강제할 수 있는가? 그런데 이것도 예술철학에 속하는 이야기인가? 같은 물음들이요. 이 물음은 오늘날 대중문화 산업과 관련된 이야기만은 아닙니다. 대표적인 경우는 일제 식민지 시대에 친일 행위를 했던 예술가와 그 작품을 어떻게 평가해야 하는가?입니다. 그의 시어는 아름답지만 그가 적극적으로 일제에 부역하여 청년을 전쟁터로 내모는 일에 찬동하고 권유하는 글을 쓴 것을 알고 난 후에도 여전히 그 시가 아름답게 느껴지는가? 등을 묻게 되는 것이지요.

그 중 하나의 물음을 생각해봅시다. 심각한 범죄를 저지른 사람이 책을 내거나 음악을 만들었습니다. 이것을 감상해도 될까요?

이 문제에는 여러 가지 물음이 중첩되어 있습니다. 먼저 이것은 작품 자체에 대한 것인가 아니면 감상자의 반응에 관한 것인가? 창작자가 어떤 문제적 행위를 했든, 내가 그것을 알든 모르든 이미 완성된 작품은 변화하지 않습니다. 물론 작업이나 홍보가 현재진행형 중인 작업이라면 무언가 바뀔 수 있겠죠. 재편집해서 재개봉하는 영화처럼요. 그러나 어쨌든 한번 이 세상에 나온 것이고 그 형태가 고정된 것이라면, 그리고 그 작품이 재개봉 같은 것은 하지 않고 과거의 것 그대로 남아 있는 것이라면 결과물로서의 작품에는 변화가 없습니다. 영화라면 등장인물, 인물들 간의 관계, 대사, 촬영 기법 등이 여전할 것이고, 음악이라면 그 음악의 멜로디, 비트 등이 변하지 않습니다. 소설, 회화, 조각, 무엇이든 마찬가지입니다. 작품 제작의 구성 요소는 달라지지 않고, 그러므로 작품은 변하지 않습니다. 다만 감상자의 반응이 변하는 것이라고 생각할 수 있겠지요.

내가 어떻게 느끼는지의 문제라면 이야기는 달라집니다. 그 작품을 받아들이는 나의 느낌의 측면에서 말하자면 작품은 분명 변하죠. 하지만 감상자의 반응은 무엇을 기준으로 변할까요? 일단 매우 사적인 관계인 연애, 부부 간의 일에서 잘못을 저지른 것이 과연 공중에게도 물의라고 할 만한 일인가? 그리고 물의를 일으켰다는 것이 범죄와 동급인가?라는 의문이 들 수 있습니다. 물의라는 표현은 너무 광범위합니다. 한편 범죄라고 한정 지어도 애매한 부분이 남습니다. 일단 범죄로 처벌받지 않아도 수많은 사람에게 커다란 피해를 입히는 경우를 생각해볼 수 있습니다. 그리고 같은 범죄라고 해도 반응이 꼭 같진 않습니다. 영화에 참여한 배우 중의 한 명이 도박으로 유죄 판결을 받은 것과 작품 감상은 큰 영향이 없을 수 있습니다. 그러나 그 배우가 유괴, 살인과 같은 행동을 저질렀다면 앞선 경우와는 그 느낌이 사뭇 다를 것입니다.

창작자의 활동 연대, 곧 이 작품을 보는 나의 시대와 작품 제작 시기의 차이, 시대상의 차이도 영향을 줍니다. 지금은 용서받지 못할 범죄이지만 과거에는 당연하게 여겼던 것들이 있으니까요. 노예제 사회 속에서 많은 노예를 부린 먼 옛날의 화가를 생각해봅시다. 바로 지금 여기서 그런 일이 일어난 것과 비교할 때, 우리의 느낌에 미치는 영향은 꽤 적을 것입니다. 우리가 느끼는 감각이 달라지기 때문입니다. 100여 년 전에 일어난 일과 1년 전에 일어난 일에 대해서 우리는 비슷하게 느끼지 않습니다.

그러나 돌이킬 수 없이 작품의 느낌이 바뀌는 경우도 있습니다. 어린아이의 순수한 동심을 노래하는 깨끗하고 감동적인 시라고 느꼈던 작품이 소아성범죄자의 작품이라는 사실을 알면 그 감동은 파괴될 수밖에 없습니다. 오히려 더 큰 반작용, 부정적 반응을 야기하는 것이 자연스럽습니다. 인간의 강철 같은 신념을 찬양하는 작품이 실은 인종차별을 지지하며 다른 인종에 대한 테러를 지원한 작가의 작품이라는 것을 알면 강철 같은 신념과 굽힘 없는 태도는 훌륭한 것이 아니라 무섭고 소름 끼치는 것으로 느껴질 것입니다. 그렇게 생각하면 역시 악행의 죄질, 경중의 문제일까요?

사람이 나쁜지 작품이 나쁜가

그렇다면 어느 단계의 범죄나 악행부터 작품 전반의 느낌을 훼손하고 변화시키는 것으로 생각할 수 있을까요? 그것을 수치화하여 지정하기란 어려운 일입니다. 게다가 창작자가 저지른 짓을 알고 난 후 작품을 볼 때의 태도가 바뀌는 것이 자연스러운 만큼, 모든 사람이 똑같은 반응이나 태도의 변화를 보이지 않는 것도 자연스러운 일입니다. 느낌은 말 그대로 주관적인 것이라 사람들마다 다를 수밖에 없으니까요.

그래서 어떤 사람들은 창작자의 특성과 작품은 별개로 바라보아야 한다고 주장하기도 합니다. 창작자의 행적에 비추어 작품을 평가하려는 일을 예술을 모르는 무지한 태도로 간주하기도 하고요. 예술 작품을 평가하는 일은 도덕, 사회적 분위기, 대중의 평판과는 서로 무관한 것이라고 생각하는 태도는 서양 근대 미학의 전통입니다.

18세기 철학자 칸트 역시 그렇게 생각했습니다. 칸트는 우리에게 정언 명령, 의무론 등 그의 철학 중 윤리학과 관련된 내용으로 잘 알려져 있습니다. 그래서 꽤 딱딱하고 재미없는 도덕주의자라는 이미지가 있지요. 거짓말은 어떤 예외도 없이 허용되어서는 안 된다는 것이 칸트의 입장이거든요. 그러나 칸트는 예술적 영역에는 이론이나 윤리와는 또 다른 원칙이 있다고 주장하며 예술의 자율성을 위한 토대를 마련한 사람이기도 합니다. 그전에는 예술 영역을 따로 평가해야 한다는 것이 철학의 주류가 아니었거든요.

칸트 이전까지 서양철학은 예술을 고유한 가치를 지닌 영역으로 이해하지 않고, 세계를 아는 일 중 하나로 이해했습니다. 오늘날에도 예술은 세계를 보여주는 것으로 이해되지만, 고전적 관점에서 예술에 대한 논의는 더욱 엄격했습니다. 예술은 우리가 세계의 진실에 다가서도록 돕지만 그럼에도 확실한 이해를 제시하기에는 이론 연구보다 부족한 것이거나, 올바른 마음을 갖추고 행동하는 데 도움을 주는 수단의 역할을 하는 것이었습니다. 곧, 도덕적인 교훈을 담고 있어야 했죠. 우리가 오늘날 예술 하면 떠올리는 창의성, 자유로운 마음 같은 것은 들어설 자리가 별로 없었습니다.

칸트는 이론적인 앎이나 도덕과는 또 다른 것으로 예술을 논의합니다. 칸트가 관심을 가졌던 것은 예술 창작이 아니라 우리가 느끼는 예술적 감흥입니다. 예술적 감흥이라는 말이 좀 낯설기는 한데, 아주 아름다운 풍경을 볼 때나 예술 작품을 감상하며 느끼는 오묘한 감동 같은 것을 생각하면 됩니다. 칸트는 그런 것을 이론적으로 판정할 수 없고, 도덕적인 행동과도 무관한 매우 특별한 종류의 기쁨에서 비롯된 감정이라고 생각했습니다. 칸트는 이런 마음을 심미적 쾌감이라고 정의했는데요, 말 그대로 마음이 아름답다고 느껴 만족하는 감정입니다.

물론 오늘날 예술 영역에서는 다양한 정서에 주목하고 있지만 칸트의 미학에서 핵심은 예술적 감흥이 무엇인지 규정하는 일이 아닙니다. 칸트는 그 매우 특별한 기쁨으로서 아름다운 느낌이 구체적으로 어떤 것인지를 말하지 않습니다. 그는 우리가 어떻게 예술적 감흥을 느끼게 되는지, 그 매커니즘에 초점을 맞춥니다. 각자 저마다의 마음이 '특별한 방식'으로 작동할 때 그런 느낌을 얻게 된다는 것이지요. 그러니까 이 뭐라 말할 수 없는 오묘한 감흥은 작품의 구성 요소가 아니라 내 마음에 달려 있는 셈입니다.

나의 느낌은 나의 것

칸트는 이런 감정을 느끼는 일을 무엇인가를 이해하는 것이나 무엇인가를 욕망하고 결심하는 것과 구분합니다. 왜냐하면 칸트에게 이런 감정은 오히려 평소에 우리가 가졌던 이론적, 실용적 관심과 목적을 떠날 수 있는 마음의 자유, 곧 무관심성disinterestedness에서 오는 것이거든요. 마크 로스코Mark Rothk의 그림 앞에서 저녁 약속, 주말 일정, 이 그림의 거래가 등을 잊을 수 있는 마음의 상태요. 설령 재테크를 목적으로 그림을 보러 온 순간에도, 우리는 잠시 그 생각을 내려놓고 그림에 온전히 빠져들 수 있습니다. 그렇게 이미 마음속에 가졌던 시끄러운 소리에서 자유로워질 때, 비로소 우리의 상상력과 이해력은 마음껏 뛰어놀면서 우리에게 주어진 것을 자유롭게 느낄 수 있습니다. 그 과정에서 바로 특별한 기쁨, 만족감이 생겨날 수 있는 것이죠.

이런 특별한 느낌은 각자의 상상력과 이해력이 자유롭게 노닐 수 있는지, 어떻게 놀 것인지에 달려 있습니다. 그래서 우리는 서로 같은 작품을 보고도 다른 느낌을 갖는 것이고, 그 어떤 느낌이 맞았다 틀렸다고 말할 수 없습니다. 내 느낌만 맞고 너의 느낌은 틀린 것이 아닙니다. 너는 그런 식으로 느낀 것이지요. 칸트에 이르러서야 비로소 감상의 자유, 취향의 자유를 말할 학문적 근거가 성립된 셈입니다. 또한 이 감상의 자유에는 이론적 잣대나 도덕적 잣대도 큰 힘을 발휘할 수 없습니다. 해가 지고 있는 바닷가에 있으면서도 내 마음이 일몰 시간이 정확히 몇 시일지, 내가 집에 빨리 가는 것이 좋을지 바닷가의 쓰레기를 주워야 할지에 쏠려 있다면 우리는 그 바다를 감상할 틈이 없을 테니까요. 그렇게 되면 나의 상상력과 이해력이 자유롭게 놀 만한 상태가 아닌 것입니다.

그래서 어쩔 수가 없는 일입니다. 범죄자의 음악을 듣고 그 음악이 좋다고 느끼는 일 자체는요. 다른 것을 젖혀 두고 오롯이 그 음악에 집중하고 감상할 때, 내 마음이 그렇게 느낀다는 데 어쩌겠어요. 칸트 식으로 생각하면 그렇게 감상할 때 느끼는 나의 감흥, 나의 느낌은 누구도 맞다/옳다, 틀렸다/나쁘다고 평가할 수 없습니다. 그 느낌은 이미 그 잣대에서 잠시 벗어난 마음의 작동에서 나온 것이니까요.

우리는 무엇에 대해 이야기하고 있는가

칸트는 지금 작품의 예술적 가치나 지위에 대해 논하고 있지 않습니다. 다만 내가 자유롭게 감상하며 느낀다는 것은 어떤 일인가를 풀어헤치고 있지요. 그래서 상상력과 이해력의 자유로운 놀이라는 멋진 말이 등장했고요. 칸트는 마음이 그렇게 작동하는 것을 마음이 '감성적 판단aesthetical judgement'을 내리는 것이라고 부릅니다. 한편 마음이 눈앞의 것을 파악하고 이해하려 할 때는 이론적 판단을 하는 중이고, 어떻게 행동하면 좋을지를 생각하고 결정하려 할 때는 실천적 판단을 하는 중이라고 하지요.

이 세 가지는 서로 다른, 독립적인 판단이어서 감성적 판단을 하는 중인 사람에게 이론적 판단의 잣대로 말해봤자 이야기는 통하지 않습니다. 그 사람은 지금 이게 무엇인지를 파악하기보다 '세상에, 내가 지금 어떤 느낌이지?'에 초점을 맞추고 있으니까요. 그래서 사실 '범죄자의 음악을 듣는 것은 나쁘다, 하지 않아야 할 행동이다'라고 주장하는 것은 '범죄자의 음악을 들을 때 너는 아무것도 느껴서는 안 된다'라거나 '정말 나쁜 놈이군!'으로만 느껴야 한다는 말과 같지 않습니다.

음악에 대해서 어떤 정서를 느끼는 일과 그 음악에 대해서 내가 어떤 행동을 취하는 것이 옳은 일이고, 좋은 일인지는 별개의 문제입니다. 문제 영역을 혼동하면 안 됩니다. 문제의 영역을 혼동하면 이 문제가 내 감정을 다른 누군가에게 맡기라는 이야기인가? 내가 마음대로 느끼는 것을 사회적으로 검열하라는 것인가?라고 생각하게 됩니다. 우리가 전능한 신이 아닌 이상 누구도 당신의 마음속을 조정할 수는 없습니다. 절대자라면 당신의 마음속의 느낌을 일일이 조정하는 일에는 별로 관심이 없을 테고요.

그럼에도 우리가 애매모호 걸쩍지근한 기분을 느끼는 것은 그 느낌이 '행동'과 이어져 있기 때문입니다. 앞서 연예인의 작품을 '소비'하는 사람들을 비난하는 댓글을 이야기했었죠? 누군가의 작품을 느낄 수 있으려면 오늘날 사회에서는 그에 상응하는 대가를 지불해야 합니다. 그리고 그 대가는 바로 그 작품에 참여한 창작자에게 전부 혹은 일부 돌아갑니다. 이것은 상품, 거래, 이윤, 그리고 이를 뒷받침하는 시스템의 문제입니다. 우리가 그 시스템 속에 있는 한, 우리의 감상은 타인의 재화를 구매하고 그 재화로부터 이윤을 남기는 것을 허용하고, 일부 보탬이 되는 행동이지요.

그렇다면 이윤과는 상관없는 경우를 생각해보죠. 일제의 식민지배에 적극적으로 부역한 사람의 문학 작품을 읽는 경우요. 이 경우는 딱히 본인에게 경제적 이익을 안겨준다고 할 수 없습니다. 그러나 개인이 읽으면서 무엇인가를 느끼는 일과 이 시가 아름답기 때문에 교과서에 실려도 좋다고 주장하는 것은 또 다른 차원의 문제입니다. 이것은 역사적, 사회적으로 해당 인물의 행동을 어떻게 평가할 것인지의 문제이기 때문입니다. 공동체가 지향하는 행위와 가치의 문제 곧, 실천적 영역의 문제가 되는 것이죠. 국가는 나라를 지킨 군인에게 훈장을 수여합니다. 이는 경제적 보상을 넘어서 공동체의 차원에서 그에게 명예를 부여하는 일입니다. 당신의 행동이 '우리'에게 커다란 가치를 가지고 있다는 의미이지요.

한편 개인의 직업윤리 차원에서도 생각해볼 수 있습니다. 우리는 특정 업무 종사자에게 그 일과 관련된 위험, 부작용을 무룹쓰고 상대를 신뢰하기 위해 최소한의 약속을 요구합니다. 개인정보를 취급하는 사람이 자신이 업무적으로 얻은 개인정보를 밖에 누설해서는 안 되고, 의사는 환자에게 어려운 의학 용어를 환자가 이해할 수 있는 설명으로 제시할 의무가 있습니다. 일단 수술해야 하니까 입 다물고 서명하세요,라고 하는 의사는 없지요(이건 아예 불법입니다). 업무와 관련해서 할 수 있는 일, 영향력이 늘어나는 만큼 그의 책임도 늘어납니다. 의사가 환자에게 설명해야 하는 이유 중 하나는 의사야말로 환자의 건강 상태와 질병에 대해 가장 잘 설명할 능력을 가지고 있기 때문입니다. 그렇다면 글을 씀으로써 사회에 영향력을 발휘하고, 그로 인해 신뢰받고 존경받는 사람이 그 같은 전문성과 전문성에 대한 신뢰를 기반으로 사회에 위험한 행동을 권유하는 일은 어떻게 생각해야 할까요? 물론 여기에는 신중하게 검토해야 할 과정이 남아 있습니다. 사회적 영향력의 정도를 어떻게 측정할 것인가? 단순한 개인 의견 표명은 아닌가? 개인 의견 표명과 사회적 권유 혹은 거의 강제적 유도나 세뇌에 가까울 정도의 영향력 행사를 어떠한 기준으로 구분할 수 있는가? 등입니다. 단, 이것이 우리가 생각해볼 수 있는 문제라는 점은 분명합니다.

조금 더 생각하기 쉬운 경우도 있습니다. 영화 촬영 현장을 아우를 권한과 책임이 있는 영화감독이 실제로 폭력을 쓸 것을 배우에게 강요하면서 영화 내에서는 아름답고 흥미진진해 보이는 폭력씬을 만들었다면 어떨까요? 영화의 완성도를 묻는 문제라면 숱한 이견이 있을 수 있습니다. 장르 규칙의 충실성, 배우들의 연기 앙상블, 이야기의 감정적 파급력 등 영화의 완성도를 논하는 일은 저마다 다양한 조건을 제시할 수 있기 때문입니다. 그러나 우리 사회가 만일 결과물의 완성도만 좋다면 이 같은 작업 방식을 모두 허용할 수 있는 사회인가? 나는 그것을 허용할 수 있는가?를 묻게 되면 논의의 방향과 색깔은 매우 달라집니다.

나의 마음에 묻다, 전부 아니면 전무에 갇히지 않기 위해

이 문제는 판단의 우선순위 문제이기도 합니다. 우리는 서로 다른 종류의 판단을 모두 할 수 있는 능력을 가졌고, 그 판단은 동시에 같이 일어나기도 합니다. 저 작품은 5천만 달러 짜리라는 것을 인식하고, 그 작품의 구매 능력을 가진 사람을 부러워하는 동시에 '아니 근데, 우와, 진짜, 우와' 하면서 그림을 느낄 수도 있는 것이죠. 그러나 어떤 순간에는 그 감정에 '빠져드는 일'이 우선되어야 하나?라고 문득 마음에 묻게 되기도 합니다. 지금은 빠져들기보다 손을 내밀어 움직이는 일이 먼저는 아닐까? 하고 내 마음이 스스로 문을 두드릴 때가 있는 것이죠.

이런 종류의 물음에서는 내 마음이 무엇을 물어보고 있는지를 구분하는 것이 매우 중요합니다. 그렇지 않으면 우리는 전부 다 허용하거나 전부 다 금지하거나와 같은 꽉 막힌 세계에 갇히게 되거든요. 게다가 어떤 것이 나쁘게 느껴진다고 해서 그 느낌이 '모든 사람은 그에 대해 이렇게 행동해야 한다/이렇게 행동하지 않아야 한다'는 말을 뒷받침해주는 근거가 될 수는 없습니다. 또한 그 나쁜 느낌의 정체는 어떤 작품 자체에 대한 나의 불만족에서 비롯한 것인지, 창작자의 행동에 대한 나의 평가인지, 작품에 대한 나의 태도를 정하는 문제인지 등에 따라 달라질 수 있습니다. 복잡하지요? 그러나 이 복잡함은 나의 무수한 선택의 가능성과 자유를 안내하는 표지판이기도 합니다.

14

용기를 내는 방법

with 플라톤

#용기 #우리가본래가진것 #행동이필요해 #플라톤 #대담하지않아도괜찮아
#정말두려운것 #자신을그대로방치하는일 #아니근데

반드시 입을 열어야 하는데 차마 입이 떨어지지 않는 경우가 있지요. 내가 나서서 주도적인 역할을 할 필요는 없고, 단지 누군가의 뒤에 서서 그 사람에게 동조하는 말 한마디만 하면 될 때조차 나서기가 두려워 주저할 때가 있습니다. 내가 직접적인 피해자라서 내가 피해를 밝히지 않으면 아무도 이 일을 모르게 될 때에도 두려움이 앞서 아무 말도 할 수 없을 때가 있습니다. 그러고는 10년이 지나도 그 순간을 무거운 마음으로 떠올립니다. 내가 그 순간 무언가를 해야 하지 않았을까? 내가 말했으면 사태가 개선되어 다른 사람이 비슷한 피해를 겪는 일은 없지 않았을까? 등 자책하는 물음과 함께요.

가만히 있으면 더 큰 손해는 없겠지만, 가만히 있는 일 자체가 내 마음에 큰 상처를 남기게 될 때가 있습니다. 가늘고 길게 살고 싶지만 그렇다고 비겁하게 살고 싶지도 않고, 나서고 싶지는 않지만 찜찜한 내 마음이 자꾸 나를 흔듭니다. 나서는 것이 두려운데 왜 자꾸 마음에 걸릴까요? 이런 나에게 어떻게 하면 용기를 불어넣을 수 있을까요?

용기는 이미 있어요, 용기의 씨앗

　전통적으로 용기는 동서철학을 막론하고 인간의 이성, 종합적 사고 능력처럼 인간이 본래 가진 자질로 생각되었습니다. 맹자가 사람은 본래 선한 마음을 가지고 태어났다는 성선설을 주장하며 선한 마음의 네 가지 씨앗, 사단四端을 말한 것은 무척 유명합니다. 누구라도 어려움을 겪는 이에게는 연민을 갖게 된다는 측은지심이 우리에게 가장 잘 알려져 있지만 그중에는 수오지심羞惡之心이라는 마음도 있습니다. 의롭지 않은 것, 응당 해야 할 행동을 하지 않는 것을 보면 부끄러워하고 미워하는 마음, 곧 이치에 맞지 않는 행동에는 거부감이 드는 것입니다. 내가 그런 의로운 행동을 하지 못하면 부끄럽고, 남이 그러면 '아니 사람이 어떻게 저런 짓을!' 하면서 화가 나는 것이지요. 화가 난다는 것은 그런 행동을 용납할 수 없고, 그런 행동과는 분명히 선을 그어 조금도 가까이하고 싶지 않은 마음으로 이해할 수 있습니다.

　고대 그리스 철학에서도 인간의 본래 자질 속 용기가 있다는 생각은 마찬가지입니다. 플라톤은 인간의 영혼이 욕망, 기개, 이성으로 이루어진다고 말합니다. 용기는 플라톤의 용어로는 '기개'에 해당하는데요, 어떤 상황에서도 쉽게 꺾이지 않는 의지를 뜻합니다. 이때 의지는 어떤 행동을 하게 만드는 마음의 동력, 심리적 동기로 이해할 수 있습니다. 플라톤은 이성의 지도에 따라 용기로써 욕망을 절제해야 한다고 말합니다. 물론 모든 인간이 아무 때고 이 용기라는 의지를 잘 발휘할 수 있는 것은 **아니**지만 어쨌든 인간이라는 존재에 용기라는 능력이 이미 **포함되**어 있다는 것이지요.

우리는 이 작은 씨앗에서 출발할 수 있습니다. 나쁜 일을 하는 것을 부끄러워하고 다른 사람의 악행에 대해서도 결코 무감각하거나 참지 않는 일, 현실적 이익만을 추구하는 등 욕망만을 쫓으려고 경거망동하지 않는 일부터요. 그렇게 생각하면 용기는 언제나 나에게 말을 걸며 여러 신호를 보내는 중입니다.

용기 있는 행동이 따로 정해진 것은 아니다

복권은 당첨될 가능성을 갖고 있지만 전부 당첨되지는 않습니다. 동전을 던졌을 때 앞면이 나올 확률은 무려 50%, 곧 둘 중의 한 번은 앞면이 나올 수 있다는 뜻이지만 실제로는 꼭 앞면과 뒷면이 번갈아가면서 한 번씩 나오지는 않습니다. 러시안 룰렛 게임에서 내가 총알에 맞을 확률은 1/6입니다. 그러나 만일 내 순서에서 총알이 발사된다면, 나에게 나머지 경우의 수, 5/6가 있었다는 것은 전혀 상관없어지겠죠. 나에게는 결국 100%의 현실이 되니까요.

인간의 본성은 내가 다른 무엇이 아닌 바로 인간으로 살아갈 수 있는 조건을 말해줍니다. 그러나 정작 그 본성을 나의 삶에서 실감할 수 있을 때는 용기라는 특성을 단지 간직하는 일에 그치지 않고, 그 특성을 꺼내어 발휘할 때입니다. 그래서 현대철학의 용기론은 지금 여기서 어떻게 행동할지의 결단과 함께 용기가 발현될 때 비로소 용기가 내 삶 안의 '리얼'한 것으로 존재하게 된다고 주장합니다.

『구토』 등의 문학작품으로 잘 알려진 20세기 프랑스의 실존주의 철학자 장 폴 사르트르Jean Paul Sartre는 자신의 책 『실존주의는 휴머니즘이다』에서 2차 세계대전 중 자신에게 조언을 들으러 찾아온 한 학생의 이야기를 들려줍니다. 이 학생은 어릴 적부터 어머니와 형, 셋이서만 살았습니다. 그러다 형은 독일이 프랑스를 점령한 후 레지스탕스 활동을 하다 죽고, 자신과 어머니 둘만 남게 됩니다. 이 학생은 형처럼 조국을 위해 독일에 맞서 싸우는 레지스탕스가 되고 싶지만 자신마저 잘못되면 홀로 남을 어머니가 걱정되어 나서지 못합니다. 그래서 학생은 대학교수이자 철학자인 사르트르에게 상담을 합니다. "선생님, 어떤 행동이 더 옳고 더 좋은 행동인가요? 판단의 근거가 될 기준은 무엇인가요?"

사르트르는 간단명료하게 답합니다. "선택하시오, 행동하시오, 당신의 선택과 행동이 당신의 삶에서 어떤 행동이 좋은 것인지, 당신의 마음이 진실로 원하는 바가 무엇인지를 보여주는 기준이자 증거가 될 것이오."

우리의 주제에 맞게 생각해봅시다. 이 행동 중 어떤 것이 더 용기 있는 행동입니까? 인간의 가장 큰 특징을 자유라고 생각하는 실존주의자에게는 어떤 것이 더 옳고, 더 용기 있는 행동인지를 말해주는 기준이 그 사람의 자유로운 결단 이외에 따로, 그리고 먼저 정해져 있을 수 없습니다. 인간의 삶은 시간을 정확히 알려주는 목적에 맞게 제작되는 시계와 다릅니다. 스스로의 결심을 통해 자기 자신을 던지고 자기 인생에 직접 참여하며 만들어가는 것이기 때문이지요. 그래서 실존주의에서 중요한 것은 '용기의 본질'이 아니라 지금 이 자리에서 어떤 구체적인 선택을 하겠다는 '결단'입니다. 결국 마음의 용기를 현실이 되게 하는 것이 나의 구체적인 행동이니까요.

과감한 행동만이 전부일까

하지만 행동하겠다는 그 결단을 내리기란 어렵습니다. 우리를 슬프고 무력하게 하는 것은 내가 행동할 만큼, 다른 사람의 시선과 다른 여러 가지 위험을 감수할 만큼 용감한 선택을 하지 못한다는 사실입니다. 내 마음 안에 아무것도 없다는 사실이 아니라요.

플라톤은 자신의 스승 소크라테스_{Socrates}를 주인공으로 내세운 『라케스』에서 용기가 무엇인지 논합니다. 책의 제목이자 실존 인물이기도 한 군인 라케스는 용감한 군인이라면 대오에서 이탈하지 않고 적에 맞서며, 도망치지 않는다고 주장하는데요. 우리가 흔히 생각하는 용기란 이런 것이죠. 사실 아까 사르트르를 찾아온 학생의 물음에서 더 '좋은' 행동을 선택하기는 어렵지만, 더 용기 있는 행동은 레지스탕스 활동 아닌가?라고 생각한 분도 많을 것 같아요. 어머니를 모시는 일이 레지스탕스 활동보다 덜 위험하다고 생각되니까요. 그렇게 생각하면, 지금 여기의 내 삶에서 용기를 '낸다'고 했을 때, 확실히 감당하기 어려울 것 같은 일을 감수하고 뛰어드는 마음이 중요할 것 같습니다. 용감하다는 것은 결국 그런 의미 아닌가? 싶지요.

그러나 소크라테스는 대오를 흐트러뜨리고 도망치면서 싸우는 전술의 사례를 들면서, 그럼 이 사람들은 용감하지 않은가?라고 반문합니다. 또한 싸움만이 용기가 아니고, 전쟁터에서만 용기가 필요한 것이 아니라는 사실을 지적합니다. 병의 고통을 견디거나, 순간적인 쾌락에만 빠지지 않는 것, 배고픈 일인 줄 알면서도 자신의 길을 가는 것, 정치적 위협에도 꿋꿋이 신념을 지키는 일 등, 우리 삶에는 다양한 상황의 다양한 용기가 있습니다. 덕분에 라케스는 곧장 용기에 대한 자신의 생각을 정정합니다. 용기는 무조건 피하지 않고 들이대는 것이 아니라, 굴하지 않는 힘 곧, 어떤 것에 대해 인내하는 능력이라고요.

소크라테스는 또다시, 인내라고 다 좋은 것은 아니라고 대답합니다. 병에 걸렸는데 병원에 가지 않고 버티는 것이 좋은 일이 아닌 것처럼요. 플라톤의 또 다른 책 『프로타고라스』에서 역시 주인공인 소크라테스는 잠수, 말 타고 싸우기 등 위험이 큰 일을 하는 사람들을 예로 듭니다. 위험성이 큰 일에는 숙련된 기술이 필요합니다. 기술이 숙련되지 않았는데 그런 일에 뛰어드는 사람에게는 누구도 용감하다고 하지 않습니다. 네가 지금 제정신이냐!라고 타박하고 그의 행동을 말리게 되지요. 소크라테스는 어리석은 인내는 결국 사람을 해치고, 자신을 부끄럽게 만드는 것이라고 이야기합니다.

용기의 핵심은 위험을 무릅쓰는 대담함, 과감함에 있지 않습니다. 그런 특징은 오히려 도박꾼에게서 더 잘 찾을 수 있지 않을까요? 더욱 중요한 것은 대담함, 과감함과 같은 힘을 잘 조절할 수 있는 인내심 곧, 절제의 능력이고 그보다 중요한 것은 그 절제를 어떤 기준에서 발휘하면 좋을지 아는 일입니다. 결국 절제를 다스리는 기준을 제시하는 사고 능력, 그 기준을 아는 힘이 근본적인 것이지요. 그래서 용기에는 반드시 심사숙고가 필요하며, 심사숙고를 통해 서로 다른 능력이 균형을 이루도록 하는 것이 용기입니다.

무엇을 두려워할 것인가

『라케스』에서 흥미로운 점은 이 책의 끝에서 소크라테스가 결국 우리는 용기가 어떤 것인지 찾지 못했다고 선언한다는 것입니다. 그 선언의 직전 대화는 헬레네 전투에 참여한 아테네의 장군이자 이 책의 또 다른 등장인물인 니키아스와 나눈 이야기였습니다.

니키아스는 '용기에는 생각하는 깃, 기준을 아는 일이 근본적'이라는 소크라테스의 생각에 동의하면서 두려워할 때와 두려워하지 않을 때를 구분할 수 있어야 한다고 합니다. 일이 나쁘게 될 것이 뻔한데 두려워하지 않고 달려들고, 그 일에 인내를 쏟아부어 맞서고 버티는 것은 현명하지 않은 행동이기 때문입니다. 니케아스는 용기 있는 행동의 출발 신호가 빅데이터에 기반한 합리적 예측 능력이라고 주장한 셈입니다. 드라마나 소설에 나오는 대사가 떠오릅니다. '야, 지금 네 행동은 용감한 게 아니라 무모한 거고, 객기 부리는 거야. 현실을 좀 봐.'

그러나 소크라테스는 이 주장에 찬성하지 않습니다. 그 예측이 정말 옳은 것인지를 확인하기 위해서 우리는 사실 거의 모든 것을 알아야 하기 때문입니다. 먼저 과거에는 도대체 무슨 일이 있었고, 그 일의 원인과 결과는 정확히 무엇인지를 알아야 합니다. 그리고 현재의 사건이 과연 과거의 그 사건과 비교할 만큼 같은 성격의 사건인지를 알아야 합니다. 그러기 위해서는 현재 사건의 상황, 원인과 특성 등을 모두 알아야 하죠. 마지막으로 미래를 알아야 합니다. 빅데이터는 확률이지 필연적 숙명이 아니거든요. 과거에 그랬다고 해서, 지금 내가 이 행동을 했을 때 똑같은 결과가 따라올 것인지는 알 수 없습니다. 우리는 다시 계산해야 합니다. 지금 이 상황, 이 조건, 이 관련자, 이 방법과 이 행동이 만났을 때 미래에는 어떤 일이 발생하고 얼마만큼의 영향을 미칠 것인지를요.

소크라테스는 우리가 이 모든 것을 알 수 없고, 내가 아는 것이 정확한 앎인지 확신할 수도 없으며, 무엇보다 이 '모든 것을 아는 일'이 곧 용기의 정의_{definition}가 될 수 없다고 지적합니다. 그 모든 앎이 용기에 해당하는 특성을 말해줄 수는 없습니다. 용기의 정의를 위해서는 용기만의 고유한 특성을 알아야 하지만, '모든 앎'은 용기에만 관련된 것이 아니기 때문입니다.

대신 소크라테스는 우리가 제대로는 알지 못한다는 사실, 곧 우리가 모른다는 사실을 알게 되었다면, 우리가 오해한 것을 바로잡는 일이 필요하다는 이야기로 이 대화를 마무리 짓습니다. 우리가 지금 이 상태 그대로 머무는 것을 허용하지 않아야 한다고요.

내 마음에 진실할 용기

우리는 어떻게 해야 가장 피해를 덜 보고, 어떻게 해야 가장 좋게 바뀌는 것인지 확신할 수 없습니다. 다만 우리가 아는 것은 어떤 것이 나의 마음에 의혹을 남기고 있다는 사실입니다. 잘 모르겠지만, 그냥 넘어가고 싶지만, 뭘 해도 엄청나게 바뀔 것 같진 않지만 '아니 근데', '아무리 그렇더라도'라는 마음이 자꾸만 솟아오르는 거죠.

마음의 거리낌을 느끼면서도 그 상태 그대로 머무는 일은 '이건 좀 아니'라고 생각하는 나에게 어떤 대답도 돌려주지 않고 나 자신을 방치하는 일입니다. 나의 의문을 무시하고 억누르는 일이죠. 내가 나를 상대해주지 않고, 내 마음을 내 삶에서 따돌리는 그 상태를 내가 참고 있는 거예요. 내가 행동하지 않는 것이 나의 마음에 깊은 상처가 되는 이유도 여기서 찾을 수 있습니다. 나는 내 마음에 진실하지 못한 채, 내 마음과 내 삶을 분리시키고 그 상태를 그대로 두는 중이기 때문입니다. 그러므로 내가 가장 알아야 할 것은 지금 내가 나 자신에게 진실한지이고, 또한 내가 가장 두려워해야 하는 것은 스스로에게 진실하지 못한 채 내버려두어 나를 내 삶에서 소외시키는 일입니다.

그래서 무언가 마음에 걸릴 때, 이를 그대로 내버려두지 않는 일이 중요합니다. 참지 않는 일 말입니다. 지금 당장의 행동을 참지 않는 일이 아니라, 자꾸만 걸리는 마음을 억눌러버리고 참지 않는 일이 중요합니다. 대단한 것이 아니어도, 직접적인 내 일이 아니어도 상관없습니다. 마음의 움직임은 자유롭고 더 솔직합니다. 모두가 웃고 있어도, 저 너머의 먼 일이어도 나의 마음이 지나치지 못하는 거리낌을 만나면 그 마음을 참지 말고 잘 살펴봐야 합니다.

지금 당장 행동으로 옮기지 않았다고 해도 용기는 이미 활성화되기 시작했습니다. 우리가 살펴보았듯 용기에 가장 중요한 것은 곧바로 행동하는 일이 아니기 때문입니다. 우리는 과감해서 용감한 것이 아닙니다. 아주 많은 것을 생각해야 해서 머리 아프고 가슴이 답답한 와중에도 그 마음을 도무지 모르는 척 할 수 없어서 어쩔 수 없이, 내가 용감한지도 모른 채 일단 움직이게 되는 것입니다. 그러니 일단은 의문을 제시하는 나의 마음부터 움직이게 해주세요.

나약한 우리를 인정하고, 서로의 용기로 있어주세요

'아니 근데'의 마음이 더욱 자유롭게 활개치기 위해서는 나의 움직임이 작은 것이라는 것을 인정하는 일이 매우 중요합니다. 이 한 번의 행동으로 모든 것이 잘 될 수는 없어요. 그렇게 큰일은 쉽게 하기 어렵고, 결과에 대한 기대가 너무 크면 내 마음은 다시 무거워집니다. 두려움도, 불안도, 실망도 커지거든요. 무겁지 않은 마음으로 움직일 때, 작고 사소한 움직임이라도 좋다고 생각할 때, 우리에게는 의외로 많은 선택지가 보입니다. 모든 변화의 시작은 아주 작은 움직임이거든요. 너무 큰 것이 아니어도 좋다면, 일단 이대로 머물지 않으려 한다면, 그때 우리가 할 수 있는 것은 양자택일 그 이상입니다.

그러나 말이 작고 사소한 움직임이지, 실제로는 그조차 어려울 때가 많습니다. 우리는 사실 나 자신에게 진실되기보다 나를 소외시킨 상태 그대로 가만히 참는 것을 선택하게 될 때가 많습니다. 미래에 대한 두려움, 나의 판단을 확신하지 못하는 불안이 내 마음을 움직이지 못하게 붙들기 때문이지요. 과거의 용기가 낳았던 힘든 결과를 생각하며 나 자신을 탓하거나 다른 사람을 미워하고 원망하게 되기도 하고요. 나의 소외를 견디기 어려운 나머지, 용기 있게 행동하는 사람을 깎아내리게 되는 경우도 있습니다.

그러나 '아니 근데', '아무리 그렇더라도'의 주문은 여기에도 해당됩니다. '아니 근데, 내가 아무리 겁에 질렸고 도망쳤고 실패했을지라도, 이 세상 모든 사람의 마음이 똑같이 마비되어 움직이지 못하는 것은 아니잖아'라는 생각이요. 내가 조금도 움직일 수 없을 때, 내가 내 마음의 의혹을 모르는 척하는 일이 너무나 익숙해졌을 때조차 우리 중 누군가는 움직이고 있습니다.

용기는 일생일대 단 한 번의 기회가 아니고, 단 한 명에게만 허용된 것이 아닙니다. 또한 용기의 필수 조건에는 완벽함이나 성공이 포함되어 있지 않습니다. 우리 한 명 한 명은 나약하지만, 나약하기 때문에 우리는 서로를 필요로 하고 나와 타인에게 또 다른 기회를 허용합니다. 우리에게 필요한 것은 나에게 아예 용기가 없다고, 내가 할 수 있는 일이 없다고, 모든 가능한 움직임을 전부 부정하지는 않는 일입니다. 나의 나약함을 인정하면서도, 그 나약함을 '모두 없음', '아무런 가치도 없음'으로 단정 짓지 않을 때, 불완전한 우리의 용기는 그 생명력을 이어갑니다.

내가 용기가 없을 때에도, 그럼에도 불구하고 세상의 용기는 사라지지 않습니다. 내 마음속 용기의 씨앗도 사라지지 않습니다. 우리에게는 또 다음의 숨이 있습니다. 숨을 언제까지 참을 수는 없거든요. 언젠가 우리는 아주 작고 미약한 숨이라도 내뱉을 수밖에 없습니다. 미숙하여도 피어난 그 모습 그대로의 용기를 지켜보며, 또 다음의 기회를 서로에게 허용하며 서로의 곁에 있어주는 것, 그것이 우리 용기의 또 다른 씨앗이자 밑거름입니다.

문득 이런 생각이 들면
누구한테 말해야 할까요?

15

어차피 죽을 텐데
이렇게 아등바등 살아야 하나요?

with 마르틴 하이데거

#인생 #어차피죽을텐데 #허무 #존재의이유 #열심히할필요가있나
#하이데거 #실존 #또하루멀어져간다 #죽음에가까운 #현존재

혹시 이런 생각 안 해보셨나요? '왜 이렇게 아등바등 살아야 하나, 어차피 죽을 건데.' 모든 것이 잠시 있다가 사라질 뿐이라면 굳이 애써 노력하고 경쟁하고 다투며 움켜쥐어야 할 필요가 있을까요? 왜 굳이 살아야 하나요? 굳이 살아야 하는 이유가 있을까요? 굳이 살아야 할 이유가 없으면 반대로 죽어도 괜찮을까요? 사실 죽고 싶은 것은 아니거든요. 그냥 이렇게 고되고 힘든데 꼭 살아가야 하는 이유를 모르겠는 거지요.

이유가 있다면 이유를 붙잡고 살아갈 테니 누구라도 그 이유를 말해주면 좋겠다고 생각하기도 합니다. 하지만 한편으로는 이런 생각도 듭니다. 누가 이유를 말해주면 나는 그 이유를 순순히 수긍할까?

왜 사냐고? 일이나 하자

많은 사람들이 이 물음을 품고 살지만 동시에 이 물음에 대해서 대화하기는 쉽지 않습니다. 대화가 성립되기에는 그 대답이 너무 어렵거든요. 그래서 이런 물음은 종종 '됐고, 그냥 일이나

해'라거나 '야 임마 무슨 이유가 있어, 그냥 태어났으니까 사는 거지'라는 답을 듣곤 합니다. 첫 번째 답변은 질문을 피하는 쪽을 선택하였습니다. 그러나 두 번째 답변은 어떤가요? '태어난 까닭으로 산다'고 하면 이것은 답변이 될까요, 아니면 여전히 물음을 피해가는 것일까요?

저도 어렸을 때 이런 물음을 많이 생각했어요. 사실 생각을 많이 하지는 않았고요, 의문만 갖고 있었죠. 제가 왜 그런 물음을 가진 아이가 되었는지는 저도 잘 모릅니다. 세상에는 이런 사람도 있고 저런 사람도 있는 것처럼, 그런 물음이 마음속에서 솟아나는 사람도 있는 것이지요. 철학을 배우든 안 배우든 그런 건 그냥 성향이더라고요. 하지만 똑같이 이런 의문이 있어도 이 의문을 대하는 태도는 저마다 다릅니다. 그 물음에 뭐라고 대답할 수 있을지 정말 궁금한 사람도 있겠죠? 저는 답은 애초에 없는 것 같았고, 그래서 허무함을 크게 느꼈습니다.

저의 이 물음은 대학에 와서 철학과 수업을 들으며 전환을 맞이합니다. 처음 철학과 수업을 들을 때 교수님이 그러셨거든요. 네가 답을 찾지 못하는 질문이 말해주는 단 하나의 확실한 것은 현재의 네가 '바로 그 물음'에 대해서 답을 찾을 능력이 없다는 뜻이라고요. 그러니 조금이라도 그 물음에 대해 이해하고 접근하고 싶다면 지금의 네가 풀 수 있는 물음으로 질문을 바꿔라, 철학은 정답을 알려주는 것이 아니라 적절한 질문을 하는 방법을 알려주는 학문이라고요. 아하, 그런 건가?! 저는 그때부터 더 이상 '왜 사는가'라는 물음을 묻지 않았습니다. 대신 제가 붙잡은 다른 물음은 '어떻게 하면 마음 편안하게 살 수 있을까?'였습니다. 역시 녹록지 않아 보이죠? 덕분에 저는 그 질문을 이해하기 위한 다른 다양한 질문을 알고 또 묻게 되었습니다. 그래서 그 순간에는 철학이 저에게 엄청난 보물 광산을 탐색하는 일처럼 느껴졌습니다.

이 물음은 그 초점을 어디에 맞추는지에 따라 다른 여정으로 나아가게 됩니다. 그러니 일단 내가 평소에 가진 궁금증 혹은 문득 이 말을 떠올릴 때의 초점이 정확히 어디에 있는지를 살펴볼 필요가 있습니다. 왜 사는지를 어째서 묻게 되는지를 생각해볼까요. 1) 사는 게 너무 힘들어서 불만족을 표현하고 싶다. 2) 삶의 이유가 있는지 궁금하다. 있을까, 없을까? 있다면 그 이유는 도대체 무엇일까? 3) 왜 죽지 않고 계속해서 사는 일을 선택해야 하는지 모르겠다. 이유가 있어도 내가 꼭 그 이유대로 살아야 하는지 모르겠고, 이유가 없다면 굳이 그런 것을 반드시 이어가야 하는 의무는 없지 않은가? 정도로 생각해볼 수 있겠네요. 그 외에도 자신만의 이유가 있다면 생각해봅시다.

철학에서 주로 다루는 문제는 2번입니다. 엄밀히 말해 삶의 이유보다 삶이란 무엇인가? 산다는 일은 무엇인가?를 다루지요. 이것에 대답할 수 있다면 나머지 문제에 대한 힌트 역시 얻을 수 있다고 생각했기 때문입니다.

인간으로 존재한다는 것은 무엇인가

마르틴 하이데거Martin Heidegger는 '존재란 도대체 무엇인가'라는 물음에 접근하고 싶어서 인간의 삶에 대해 묻게 된 철학자입니다. 하이데거는 20세기 독일의 철학자이고, 대중적으로는 '실존주의자'라는 타이틀이나 나치에 부역한 혐의가 있는 철학자로도 알려져 있습니다. 사실 하이데거 본인은 실존주의자라는 이름보다 '존재론'의 철학자로 평가받고 싶을 것 같습니다. 하이데거는 전통적인 서양철학이 존재 자체에 대해서는 어떤 것도 말해주지 않으면서 많이 말한 척한다고 비판하며 자신의 철학을 펼치기 때문입니다.

여기서 '존재 자체'란 거창한 것이 아닙니다. 그저 '있다는 것'이란 과연 무엇일까?를 묻는 일이죠. 하이데거는 이 '있음'이 이 세상 모든 것의 핵심이자 근원이라고 생각했거든요. 나무, 바람, 하늘, 인간, 동물 등은 전부 다르지만 특성은 달라도 있다는 것만은 공통적입니다. 심지어 초월자인 신이나 추상적인 수학공식, 없는 일을 가짜로 꾸며낸 루머, 마음속으로 생각만 한 일 등에도 우리는 전부 '있다'는 말을 쓰니까요. 그래서 '있다'라는 말의 의미를 아는 것은 모든 것을 관통하는 토대를 알게 되는 일입니다.

그런데 '있음'의 수수께끼에 직접 다가가는 일이 너무 어렵기 때문에, 하이데거는 그 물음에 바로 대답하는 대신 우리에게 가장 익숙한 것부터 탐색하기로 합니다. 바로 '인간으로 있다'는 것의 의미를 탐색하기로 한 것이죠. 인간으로 있다는 것에서 가장 중요한 포인트는 무엇일까요?

하이데거가 생각하기에 이전 철학자는 '인간'에만 지나치게 집중했습니다. 왜 원숭이가 아니고 인간인가? 인간을 인간으로 만들어주는 특징은 무엇인가?를 열심히 파고든 것이죠. 하지만 인간의 특징을 나열하거나 전부 더한다고 인간이 있게 되는 것은 아닙니다. 그건 그냥 개념이죠. 개념이 아닌 진짜 인간으로 있기 위해 필요한 특성은 바로 인간으로 '살아' 있다는 것입니다. 여기서 '실존'이라는 표현이 등장합니다. 인간이 개념적으로 존재하는 것과 실제로 살아 있다는 것은 전혀 다른 뜻이고, 그래서 인간으로 있다는 것을 제대로 이해하려면 실존에 대한 이해가 필요합니다.

그렇다면 살아 있기 위해서는 어떤 조건이 필요할까요? 살아 있음의 특징은 시간 속에 놓여 있다는 것입니다. 그렇기 때문에 우리는 반드시 특정 시간 속에서 살아가고, 시간이 흐름에 따라 나이를 먹고 늙어가며 언젠가는 반드시 소멸하게 됩니다. 시간 속에서 산다는 것은 죽는 그날까지는 결코 멈출 수 없고 항상 움직이고 항상 변화하며 산다는 것입니다. 이것이 철학에서 실존existence의 의미입니다.

그래서 우리의 인생에는 바꿀 수 없는 두 가지 단단한 사실이 있습니다. 첫 번째는 내가 태어난 시간대의 여러 상황입니다. 예를 들어 미국인이나 중국인이 아닌 한국인으로 태어났으며, 우리는 조선시대나 일제 식민지 시설이 아닌 자유로운 대한민국 시절에 태어났고, 내 부모의 자식으로 태어났고 등등 우리가 바꿀 수 없이 시작한 상황이 있습니다. 내가 태어났을 때 속한 사회 시스템과 역사라고 이해해도 좋습니다. 두 번째는 앞서 말한 것처럼, 우리는 반드시 죽는다는 사실입니다.

죽음과 불안, 병 주고 약 주고

우리가 익히 알고 있는 것들이지요. 하지만 우리가 결코 알 수 없는 것이 있습니다. 이렇게 계속된 변화가 언제까지 이어질지, 어떻게 펼쳐질지입니다. 첫 번째 알 수 없는 것을 거칠게 말하면, 올 때는 순서가 있어도 갈 때는 순서가 없다는 말이 되겠죠. 그래서 하이데거는 인간이라면 누구나 근원적인 불안과 함께 살아간다고 말합니다. 아무리 재능이 뛰어나도, 아무리 많은 성취를 해도, 아무리 사랑하고 사랑받아도 그 사실은 달라지지 않습니다. 우리는 살아가는 한, 불안할 수밖에 없는 존재입니다.

하이데거에게는 그리하여 사라질 모든 것에 대한 허무함을 느끼는 것 또한 이 불안의 일종입니다. 사라져버리는 것들에 대해 마음을 어떻게 정해야 할지 모르겠고 두려운 상태인 것이죠. '내가 살아 있다, 오늘을 산다'는 뜻은 바꿔말하면 '나는 죽어가고 있다, 나는 오늘 죽을 수도 있다'는 뜻이기도 하잖아요. 나는 매일 내가 사라져버릴 것이라는 예고장, 그러나 언제 실행될지 알 수 없는 예고장과 함께 살아가고 있습니다.

그러나 맨날 나는 언제 죽는 걸까, 내일 죽으면 어떻게 하지? 이 발을 내디딘 다음 순간 죽어버리면 어떻게 하지? 이런 생각을 하며 사는 일은 너무 힘들겠죠. 그래서 많은 사람들은 회피를 선택합니다. 언제라도 죽을 수 있지만, 반드시 죽겠지만 에이 그게 설마 오늘이겠어! 최소한 오늘 하루, 한 달, 1년(…)은 아니겠지, 생각하며 내 인생에 마치 죽음이란 없는 것처럼 죽음을 무시하며 살아가는 것이죠.

죽음을 잊어야 죽는다는 사실에서 잠시나마 벗어나서 현재에 집중할 수 있을 것 같지만, 하이데거에 따르면 죽음을 잊은 우리는 현재를 현재로서 살지 못합니다. 죽음을 망각한 사람들은 매일 나의 생명이 똑같이 이어지듯이, 나를 둘러싼 많은 관계와 상황 역시 변함없이 이어질 것이라 생각하게 되기 때문입니다. 그래서 우리는 자연스럽게 결코 알 수 없는 두 번째, 이 변화가 어떻게 펼쳐질지에 관하여 잘 생각할 수 없게 됩니다. 물론 생각을 하기는 하지요. 그런데 어떤 방향으로 생각하냐면 이미 있는 상황, 남들이 만들어 놓은 기준에 어떻게 하면 잘 맞추어갈지를 생각합니다.

우리가 진절머리 내면서도 어쩔 수 없이 끌려가는 생애주기별 인생 미션 같은 것이요. 학교에 가고, 졸업을 하고, 다시 진학을 하고, 좋은 점수를 받아서 취업을 하고, 재테크를 하고, 결혼을 하고, 아이를 낳고 하는 것들이요. 이제는 예전에 평범하다고 생각되었던 인생이 너무 어려운 '갓생'이 되어 들이대는 잣대는 달라졌지만 우리는 여전히 무난하게 살고 싶어 합니다. 덜 힘들고 덜 불안할 것 같거든요. 그리고 그 무난함과 평범함, 안전함을 위해 제일 많이 생각하는 것은 나의 삶과 죽음이 아닌 타인의 시선과 평가입니다.

죽음을 마주해보겠니, 하이데거 씨의 권유

그러나 하이데거는 우리의 살아 있음에 깔려 있는 가장 근본적인 기분이 불안이기 때문에 남들이랑 비슷하게 살아도 결코 인생의 불안은 사라지지 않는다고 지적합니다. 게다가 남들이 만들어놓은 기준에 나를 맞추느라 바쁘기 때문에 나 자신은 사라져버린다고 이야기합니다. 하이데거는 '네 자리에 다른 사람이 들어가도 크게 달라지지 않지 않겠니?'라고 묻습니다. '당신의 삶을 묻는 인터뷰에서 당신의 이름을 빼고 '20대 여성', '30대 직장인'처럼 일반 명사를 넣어도 크게 달라지는 건 없지 않아?'라고요.

어느 누구여도 괜찮다는 것은 내가 아니라 다른 사람으로 '대체가능'하다는 뜻이지요. 그렇게 생각하면 인생이 허무한 것입니다. 첫째, 언제라도 없어질 수 있고, 둘째, 심지어 그게 나만의 것도 아니니까요. 그런데도 우리는 매일매일 혼신을 다해 살고 있으니 '인생 뭘까'라는 탄식이 나오는 게 자연스럽습니다. 하이데거는 거꾸로 첫 번째 허무하다는 생각 곧, '언제라도 나는 사라질 수 있다', '나는 지금 이 순간도 죽어가고 있다'는 사실을 회피하지 않고 진지하게 받아들이며 그 사실과 함께 살아갈 때 인생이 허무하지 않을 수 있다고 이야기합니다. 그럴 때 비로소 두 번째 허무, 내 인생도 내 것이 아닌 듯한 허무가 안개 걷히듯 사라지고, 인생의 의미를 음미할 수 있기 때문입니다.

애플을 세계적인 회사의 반열에 올린 스티브 잡스Steve Jobs 는 직업을 선택하거나 이직을 고려하는 등 진로를 고민하고 성공을 꿈꾸는 사람에게 이런 말을 남겼습니다. 일주일 동안 매일 내가 내일이면 죽는다고 생각해라, 일주일 내내 '이건 아닌데'라는 생각이 드는 일이 있다면 그 일은 더 이상 하지 않아도 좋다고요. 그 정도라면 그 일은 남들이 보기에는 아무리 유망해도 그렇게 느끼는 바로 그 사람을 성공으로 이끌 수는 없기 때문입니다. 이런 생각을 진로만이 아니라 내가 현재 맺고 애쓰는 관계, 나의 생활 습관, 두려워서 시도가 어려운 일에도 적용할 수 있을 것입니다.

시간 제한이 걸린 노래방에 가서 시간이 끝나갈 때 어떻게 행동하시나요? 최대한 긴 노래를 선택하는 경우도 많겠지만, 그건 아마 다음번에 또 노래방에 올 수 있다는 생각이 깔려 있는 선택일 것입니다. 다시는 노래방에 올 수 없다면 그때 나는 무엇에 집중할까요? 제일 좋아하는 노래를 하는 것? 제일 잘 부를 수 있는 노래, 추억이 담긴 노래를 하는 것? 혹은 여전히 최대한 긴 노래를 선택할 수도 있습니다. 그러나 그때의 선택은 이 시간을 최대한 연장하려는 것이라기보다, 노래를 부르는 일 자체를 소중하게 생각하는 데서 오는 선택이겠죠.

꼭 여러 선택지 중 무엇을 고를까? 하는 문제는 아닙니다. 노래방이 아니라, 시간 제한이 걸려 있고 다시는 경험할 수 없는 넓디넓은 게임의 세계에 던져졌다고 생각해봅시다. 그때는 최대한 많이 돌아다니고, 이것저것 해보고 싶기도 하겠지만 특별히 대단한 것을 하지 않고 던져진 게임 맵을 탐색하고 어떤 풍경과 캐릭터들이 있는지를 보는 것만으로도 신기하고 재미있지 않겠어요? 다시 오지 않을 시간과 공간 속에서 보고 듣고 만나고 느끼는 것만으로 의미가 생기고 재미를 느낄 수 있는 것이죠.

하이데거에게 죽음을 직면하는 일은 나의 한계를 인정한 후 나의 삶에 집중할 수 있게 만들어주는 힘입니다. 죽음이야말로 반드시 만나고 말, 그리고 이미 맞닿아 있으며 내가 감히 예측하지도 통제하지도 못하는 절대적인 한계입니다. 내가 하루를 사는 만큼 죽음은 나에게 성큼 다가옵니다. 그렇게 생각하면 모든 사람, 모든 사건을 똑같이 신경 쓰며 살 수는 없습니다. 나에게는 분명한 한계가 있습니다. 한계 앞에서 내가 집중하고 느끼고 싶은 것은 어떤 것인가요?

다시, 존재의 이유

어차피 죽을 것인데 왜 아등바등 살아야 하나요? 하이데거는 어차피 죽을 것이기 때문에 살아 있는 것이라 답해줍니다. 어차피 죽을 것인데 아직은 죽지 않았기 때문에. 그러나 하이데거는 질문을 이렇게 바꿉니다. 어차피 죽을 것이라면, 내 인생을 보다 음미하는 삶의 방식은 어떤 것인가요?

그러므로 하이데거의 이야기는 사실 '왜 사는가? 왜 살아야만 하는가?'에 대한 직접적인 답변은 아닙니다. 언젠가 우리가 반드시 이 세상에서 사라지게 된다는 것도, 그에 대해 느끼는 허무감도 결코 뿌리 뽑힐 수 없습니다. 그러나 우리 모두는 반드시 죽는다는 말이 우리 모두의 삶이 똑같은 것이라는 뜻도 아니고, 우리가 삶에서 아무것도 느낄 수 없는 말도 아니며, 이 삶이 나에게 아무것도 남기지 않는다는 말도 아닙니다. 하이데거가 알려주는 것은 우리가 느끼는 허무감이 다 똑같은 허무감이 아니라는 사실입니다.

우리가 대단히 뛰어나고 훌륭한 사람이 되어도, 반드시 붙들고 살아갈 무언가가 있어도 삶의 허무가 전부 제거되는 것은 아닙니다. 어떤 허무는 우리가 살아 있는 토대이기도 합니다. 죽음 앞에서야 비로소 살아 움직이는 것이 생생하게 보이고, 들리고, 느껴지기 때문입니다. 어둠이 있을 때 '빛'이 있음을 알 수 있는 것처럼요. 반대로 죽음이라는 공통된 한계 덕분에 우리가 집중하고 관여하고 싶은 것에 주목하게 된다면, 그때 삶의 다양한 면면은 '어차피 죽을 것', '어차피 사라질 것'이라는 한 가지 색깔로 다 덮이지 않게 됩니다. 그래서 우리는 나머지 색깔을, 다양한 의미를 섬세하고 생생하게 느낄 수 있는 것이죠.

이제는 다시, 내가 '왜 사는가'라는 질문으로 실은 무엇을 말하고 싶었나, 실은 무엇이 궁금했는가를 돌아볼 차례입니다. 내가 통감하고 있는 것은 무엇에 대한 허무감이었을까요?

16

나라는 사람의 의미

with 데이비드 흄 & 르네 데카르트

수업에서 '자기를 위한 자기소개서'라는 과제를 내주었습니다. 우리는 살아가면서 많은 자기 소개를 하고, 그 소개에는 당연히 나의 정보가 들어가지만 정작 나 자신을 위한 일이기보다 타인을 위한 일이라는 사실이 새삼 신기하게 생각되었기 때문입니다. 물론 크게 보면 타인에게 나를 소개하는 일 자체가 나를 위한 것이기는 합니다. 하지만 일반적인 자기소개에 들어가는 나에 대한 정보는 나한테는 너무 당연한 것이라서 딱히 대단한 정보라고 느껴지지는 않거든요. 이름, 나이, 하는 일, 사는 곳, 학교나 직장 등 소속 같은 것들이요. 그게 나한테도 정말 대단한 의미가 있을까요?

　현재 하고 있는 일이나 소속 같은 것은 나에게 대단한 의미일 수도 있습니다. 나는 이 일을 하기 위해, 이 소속처에 소속되기 위해 많은 시간과 노력을 들였고 그 사이에는 많은 고민의 날들이 있었을 테니까요. 하지만 그렇게 생각하면 다시 큰 문제가 생깁니다. 그런 것이 아니면 나는 의미가 없는 걸까? 나의 의미는 어디에 있을까?라는 의문이 남습니다.

대체가능 인생, 꼭 나여야 하는가?

사회는 우리를 '싫으면 말고, 너 없어도 할 사람 많아'라는 태도로 대하는 것 같습니다. 그마저도 태도가 바뀌고 있는데, 예전에는 대체할 사람을 찾기 어려울 만큼의 인재가 될 것을 강요했다면 이제는 대체가 당연한 것입니다. 그러므로 우리가 되어야 하는 것은 언제 대체되더라도 적응하고, 어느 자리라도 대체할 수 있는 인재가 되는 것입니다. 노동 유연성이란 결국 이런 말이지요. 문제는 이렇게 사는 일이 엄청 불안하고 힘든 일인데도, 그만큼 배를 채우는 일을 보장하지도 않고 무엇보다 마음을 채워주지도 않는다는 것입니다. 내가 이 자리를 채우고 누군가를 대체할 수 있다는 말은 나 역시 누군가에 의해 언제든 대체될 수 있는 사람이라는 뜻이거든요. 반드시 내가 아니어도 되는 것이지요.

나를 대체할 뿐만 아니라 소위 '상위호환'이라 부를 만한 사람도 세상에는 무척 많습니다. 시야를 전 세계로 넓히면 그런 사람은 더 많겠죠? 지금 내 자리, 내 역할에 다른 사람이 들어와도 세상은 무리 없이 굴러가거나 혹은 더 잘 굴러갈지도 모릅니다. 저도 늘 그런 생각을 해요. 내가 아니라도 누구라도 이 수업을, 이 강의를 어쩌면 더 잘할 수 있지 않을까?

우리가 인생의 많은 시간과 에너지를 업무와 관련하여 직장에 쓰고 있다는 사실을 생각하면 갑자기 서글프고 가난한 기분이 들지만, 사회가 우리를 그렇게 대하는 덕분에 현대인은 점차 인생의 의미를 일과 직장에서 찾지 않게 됩니다. 사람들도 시대에 맞게 태세 전환을 하는 거죠. 그러나 막상 태세 전환이 쉽지는 않습니다.

머리로는 재빠르게 적응할 수 있습니다. 맞아요, 내 자리에 누구라도 들어올 수 있죠. 나도 그 정도는 생각할 수 있는 합리적인 사람인 척하는 거죠. 그러나 기분은 그렇지 않습니다. 나의 가치가 별로 인정받지 못하는 기분이 들거든요. 쓰다 버리는 소모품이 된 느낌, 꿀이 없으면 대충 올리고당, 설탕 등으로 쓰세요 같은 취급을 받는 느낌이 듭니다. 그런데 요리 선생님이 가끔 그런 말씀하시잖아요. "요리 못하는 사람들 여기서 올리브유 넣으라고 하니까, 올리브유 없으면 대충 카놀라유 넣으면 될 것 같죠? 절대 안 됩니다. 그래서 요리 망치는 거예요." 요리스승의 팁을 보면 내 배 속으로 들어가는 요리에도 대체불가 품목이 있는 것 같은데 나는, 나는 대체가능하다니! 그래서 한번 이런 의문이 떠오르면 그 의문은 쉽게 나를 놓아주지 않습니다.

대체불가능한 나를 위한 첫 단계, 데카르트와 의심

그러나 처음의 생각에는 함정이 있는 것 같습니다. 내 의미를 꼭 거기서 찾을 필요는 없잖아요? 사회 속 나의 역할, 직장에서의 내 역할, 나의 직무 등 기능적 측면에서 대체가능하다는 것이니까요. 하지만 내가 기능의 묶음만은 아니잖아요. 기능들을 쭉 묶어서 나열한다고 그게 '바로 나'가 되는 것은 아니거든요.

그럼 나의 무엇이 대체불가능한지를 찾아보면 어떨까요? 넓은 종이를 가져다 놓고 나에 대해 떠오르는 것들을 모두 적어봅시다. 그러고는 소거법을 적용해보는 거죠. 저는 이것을 데카르트식 방법이라고 안내합니다. 르네 데카르트René Descartes는 17세기 프랑스 철학자로 '나는 생각한다. 고로 존재한다'라는 말로 유명하지요. 그만큼 인간의 생각하는 활동 곧, '의식'이 중요하다고 생각했는데요. 데카르트는 이 결론에 도달하기 위해 길고 긴 의심과 소거의 과정을 거쳤습니다.

데카르트가 직접 밝힌 바에 따르면, 자신이 어렸을 적부터 많은 책을 읽고 많은 선생님을 만났지만 말들이 전부 다르더랍니다. 아니 도대체 무엇을 믿으면 좋아요?라고 생각한 청년 데카르트는 가장 확실한 것을 찾을 때까지는 배운 것을 전부 진짜라고 받아들이는 일을 보류하기로 합니다. 그리고 조금이라도 의심스러운 여지가 있는 것은 소거하기로 합니다. 아무리 의심하고 지워도 지워지지 않고 남는 것이 있다면 그것이 확실한 앎의 토대이고, 거기서부터 다시 쌓아가면 되겠다고 생각한 거예요.

데카르트식으로 우리는 우리의 대체가능한 특징을 지워나갈 수 있습니다. 그러다가 남는 것이 있으면 그게 나라는 사람의 의미를 위한 토대가 되어주겠죠? 우리는 자연스럽게 직업적 기능이나 성취, 혹은 그와 유사한 사회적 성취를 소거할 것입니다.

어느 학교를 다녔다, 무엇을 배웠다, 무엇인가를 할 수 있다(영어를 할 수 있다, 자전거를 탈 수 있다) 등을요. 소거되는 것은 그뿐만이 아닙니다. 나는 볼 수 있다, 들을 수 있다, 말할 수 있다, 심지어 데카르트가 좋아하는 생각 능력까지 우리는 지워야 합니다. 그게 어디 나만 할 수 있는 일이냐고요. 다들 생각하면서, 나보다 더 폭넓고 날카롭게 생각하면서 사는 것 같잖아요.

조금만 납득이 되지 않아도 도자기를 바로 깨뜨리는 엄격한 장인 같은 데카르트식 방법은 우리를 온갖 사회적 시선에서 자유롭게 하는 한편, 우리를 주눅 들고 좌절하게 할 수도 있습니다. 왜냐하면 그렇게 하다 보니 남는 게 없는 것 같거든요. 아니, 이렇게 열심히 살았는데 남는 게 없단 말이야?

할 수 없어도 의미 있는 나, 흄을 만나다

그러나 이 엄격한 방법이 우리에게 남겨주는 희망도 있습니다. 일단 무엇인가를 할 수 있는지, 없는지는 의외로 나라는 사람의 의미와 별로 연관이 없다는 것입니다. 그렇다면 나라는 사람의 의미는 어디에 있을까요?

18세기 영국의 철학자인 데이비드 흄David Hume은 이론상 데카르트의 그 대척점에 놓이는 학자입니다. 인간의 앎에는 물론 이성도 중요하지만, 결국은 경험에 따라 그 이성의 작동이 달라지는 것이라고 주장하지요. 그래서 데카르트는 합리론자, 흄은 경험론자라고 불리는데요. 흄은 '나'라는 사람을 말해주는 것은 우리의 경험과 그 경험이 남긴 것들이라고 이야기합니다. 너무 상식적이라 이런 것도 철학인가? 약간 수상쩍기도 합니다. 데카르트의 칼날 같은 의심 앞에서 나의 경험은 전부 썰릴 것 같거든요. 사람 사는 게 다 비슷하다든데, 내게 과연 대체불가능한 경험이 있을까요?

흄에게 중요한 것은 물론 경험이지만 중요한 것은 그 경험 후에 오는 것들입니다. 흄에게는 그것까지 전부 다 합해서 나를 구성하는 것이거든요. 흄은 경험이 우리의 마음과 만나면 흔적을 남긴다고 생각합니다. 그것이 바로 인상_{impression}입니다. 첫인상이라고 하잖아요. 누군가를 처음으로 만난 경험이 나의 마음을 누르며 남긴 흔적이 바로 첫인상입니다. 인상은 경험 순간의 즉각적인 느낌, 그 순간 바로 남은 흔적이고 이 경험과 흔적을 내가 소화하면서 생겨나는 것이 바로 생각입니다. 흄은 영국 사람이니까 그냥 영어 그대로 '아이디어'라고 합니다.

흄의 방식으로 하면 나라는 사람은 내가 겪은 경험, 인상, 나의 아이디어 여럿이 묶인 그룹입니다. 이것을 '다발 이론'이라고 하는데요. 나는 누구인가? 나는 무엇인가?라고 물으면 한마디로 탁 짚어 말할 수 없고 이것저것 다 묶은 다발로만 대답할 수 있다는 것이죠. 약간 꽃다발 같고 좋지 않나요? 그런데 내가 지금까지 겪은 경험은 한두 개가 아닙니다. 경험에 따라붙은 인상과 그에 대한 아이디어까지 더하면 나라는 그룹, 다발 안에 포함되는 것들은 어마어마하게 불어날 것입니다. 게다가 흄은 아이디어끼리 자가 증식할 수 있다고 말하거든요. 흄은 단순한 아이디어들이 결합해 다시 복잡한 아이디어로 나아가며, 우리는 덕분에 어렵고 추상적인 생각, 아직 경험해보지 않은 것에 대한 생각을 할 수 있다고 이야기합니다.

그런 것까지 더하면 나라는 꽃다발은 그 꽃다발을 구성하는 꽃들 일부는 겹치지만 전체로서는 그 무엇과도 겹치지 않는 엄청나게 거대한 꽃다발이 될 것입니다. 같은 사건을 경험해도 그 사건이 내 마음에 남기는 것, 그로부터 얻은 생각은 서로 다를 테니까요.

가치 있는 사람으로 살고 싶은 욕망

커다란 흰 종이를 채운 후 데카르트와 함께 하나씩 지워갔던 것처럼, 흄과 함께라면 다시 그 커다란 종이에 다양한 관계도를 그려나갈 수 있습니다. 처음에는 나의 기억에 뚜렷하고 나에게 큰 영향을 준 경험과 그에 딸린 인상과 아이디어를 그릴 수 있을 거예요. 그러다가 점차 아 이것도! 이것도! 하며 추가되는 것이 생길 테고, 다시 그 관계도를 그리거나 보는 경험을 통해 마음에 어떤 느낌이 남고, 그로부터 새로운 생각이 추가될 수 있습니다. 그래서 내가 누구인지는 결코 고정될 수 없고, 계속해서 달라집니다. 그래서 흄이 말하는 '나'는 정해진 포장 안에 꽃을 채워 넣는다기보다 꽃들을 연결하여 지도를 만드는 일에 더 가깝습니다. 재미있는 점은 나의 경험이 바뀌지 않아도 지도는 얼마든지 변형되고 확장될 수 있다는 사실입니다. 시간이 지나 예전의 경험을 다시 바라보게 된 내가 느끼는 것과 생각하는 것은 얼마든지 달라질 수 있거든요. 나의 경험은 결코 없던 일처럼 되돌릴 수 없지만, 경험을 대하는 나의 입장은 새로이 만들거나 바꿀 수 있는 것입니다.

이런 변화까지 포함해 다시 보면, 나는 대체불가능하고 유일무이한 사람입니다. 그런데 나의 경험과 인상과 아이디어가 엮인 지도와 그 지도의 변천을 나 자신은 알지만 남들은 잘 알지 못하겠지요. 남들한테도 나는 의미 있는 사람일까요?

토머스 네이글Thomas Nagel이라는 철학자는 여기서 한 발자국 더 나아갑니다. 네이글은 1937년생 철학자로 이 책에 나온 철학자 중 유일한 생존 인물이고, 특히 왜 인간의 마음이 물리적인 것으로 전부 설명될 수 없는지를 말하는 논문 「박쥐가 된다는 것은 무엇과 같은 것일까?」로 잘 알려져 있습니다. 네이글은 『이 모든 것의 무엇을 의미하는가?』라는 책에서 냉소적인 태도로 말합니다. 네가 너 자신에게, 그리고 너를 소중히 여기는 다른 사람에게 의미 있다고 치자. 그래서 뭐? 그것이 정말로 너의 의미를 말해주는가?라고요.

네이글이 이처럼 냉소적인 태도를 보이는 것은 그래서 나이든 너이든, 한 명의 사람에게 대체불가능한 의미란 없는 것이라고 주장하기 위해서가 아닙니다. 네이글은 우리가 왜 나의 의미를 묻게 되는지를 생각해보라고 이야기합니다. 대체불가능한, 나라는 사람만이 가지는 의미 혹은 가질 수 있는 의미에 대해서 묻는 것은 스스로를 '객관적으로도' 가치 있는 존재로 생각하고 싶다는 마음 때문이라는 것입니다. 그래서 업무, 성과 등을 기준으로 생각하게 되는 것이고요. 그것만이 나를 구성하고 평가하는 것은 아니지만 어쨌든 주관적으로 느끼는 것과 또 다른 객관적인 가치 판단 기준이 될 수 있을 것 같으니까요.

무엇도 전부를 담을 수는 없다

그러니까 우리가 물었던 '나의 의미'는 나라는 사람의 중요성과 무게에 관한 것입니다. 대체불가능한 의미라는 것은 쉽게 흔들리지 않을 중요성과 무게를 뜻했던 거죠. 데카르트의 소거법을 피할 수 있는 중요성과 무게요. 그래서 이를 평가하고 뒷받침할 만한 객관적인 기준을 찾으려 했고요. 그러나 객관적 기준이라고 흔들리거나 변하지 않는 것은 아닙니다. 오히려 우리가 흔히 객관적이라고 생각하는 것 곧, 한 명의 사람이 좌우할 수 없어서 주관의 변덕에 시달리지 않는 기준이라고 생각하는 것은 대부분 불확실하고 대체가능합니다.

업무 성과나 경제적 부유함을 생각해봅시다. 어떤 일을 얼마만큼 잘 해내야 가치 있고, 얼마나 돈을 모아야 그 정도면 제법 가치가 있나요? 우리는 이미 특정 업무에 엄청난 숙련도를 지닌 사람들이 해당 산업의 쇠퇴나 업무의 자동화로 인해 점차 밀려 나고 있음을 목격하고 있습니다. 그래서 선호하는 직종도 계속 달라지죠. 예전에는 '주택' 복권 1등의 당첨금이 1억이었지만 서울의 집값을 생각하면 이제 그 돈은 대수롭지 않은 금액이 됩니다. 로또에 당첨되어도 웬만한 액수가 아니면 크게 횡재했다는 생각이 잘 들지 않을 것입니다. 그 돈으로 살 수 있는 것들이 달라졌기 때문입니다.

다시 흄의 이야기로 돌아와봅시다. 흄에게 '나'라는 사람은 계속해서 변화할 수 있고, 그래서 고정불변의 특성으로는 말할 수 없는 존재입니다. 흄에게는 인간 세계의 모든 것이 변화할 수 있고, 고정할 수 없으며, 그래서 불확실한 것입니다. 무엇에 대한 지식이든 경험을 바탕으로 할 것이고, 경험은 언제든지 달라질 수 있는 것이니까요. 과학적 실험에 근거한 이론조차 실험 도구나 실험 해석 기술이 달라지면 달라질 수 있습니다. 관찰된 현상을 과연 '어떻게 해석'할 것인가로 들어가면 더 말할 것도 없지요. 그래서 흄의 이론은 매우 상식적인 입장 곧, 경험을 했으니 알게 된다는 입장에서 시작하지만, 궁극적으로는 그 상식의 기반인 확실성을 흔들어버리는 파괴적인 이론이라는 평가도 받습니다.

흄의 입장에서는 우리의 어떤 판단이나 평가도 절대적이지 않습니다. 그래서 늘 여지가 남지요. 지금 아는 것이 전부라고 말할 수 없고, 얼마든지 바뀔 수 있다는 여지 말입니다. 지금까지 쭉 그래왔다는 것만으로는 어떤 확실성도 말할 수 없습니다. 우리의 경험과 그 해석은 시간이 흐르는 한 계속 열려 있으니까요.

나는 늘 나를 빠져나가는 이야기

우리에게 꼭 대체불가능하고 확고한 의미가 필요할까요? 나의 중요성과 가치에 대한 평가는 내가 판단하든 타인이 판단하든지와 상관 없이 언제나 나의 전부를 담을 수 없는 것입니다. 내가 나의 삶에 큰 의미를 느껴도, 내가 나의 삶이 딱히 가치 있는 것 같지 않다고 생각해도 그것이 실제로 나의 삶 전부를 담은 평가일 수는 없습니다. 나의 의미와 가치, 무게는 결코 일의 성과나 관계의 수와 빈도, 내 성격 유형 같은 기준에 붙들리는 사냥감 같은 것이 아니기 때문이죠.

나에게는 언제나 누구도, 심지어 나 자신도 감히 다 쓸어 담아 정리할 수 없는 여지가 항상 존재합니다. 어떤 규정도, 평가도 닿지 못하고 미끄러지는 부분, 놓치는 부분이 반드시 있는 것이죠. 계속 읽어나가 읽은 경력이 오래 쌓였어도, 읽은 부분을 몇 번이고 다시 읽어도, 수많은 사람에게 이미 알려졌다고 하더라도 늘 미스터리한 구석이 남아 있는 이야기처럼요. 나를 얼마든지 다르게 읽힐 수 있는 이야기, 얼마든지 다르게 그려질 수 있는 지도라고 생각하고 한번 살펴봐주면 어떨까요. 나의 이야기와 지도는 어떤 색깔과 빛, 어떤 연결과 확장가능성을 가지고 있나요?

17

문제없는 내 인생, 문제가 뭘까요?

with 논리학과 칸트

#다괜찮아 #행복해 #열심히살았는데 #죽어도괜찮아 #내가없는내인생
#보통의삶 #논리학 #칸트 #나를돌볼의무

어느 날 불쑥 한밤중에 전화가 걸려왔어요. 오래 왕래가 없던 친구의 이름이 뜹니다. 이제 한밤중에 이런 전화가 걸려오면 가슴이 덜컥 내려앉습니다. 마음이 울적하면 아무 때나 전화하던 시기는 지났으니까요. 오랜만의 연락이라면 더욱 그렇죠. 왜, 무슨 일이야? 걱정스러운 마음에 물었더니 시답지 않은 이야기만 합니다. 실없는 긴 수다 끝에서야 친구가 제게 묻더군요. 너, 행복하니? 서로 고되게 사는 것이 다 빤한 데 이런 질문은 서로 삼가는 것이 어른의 예의 아니겠습니까. 그걸 모를 리 없는 친구가 아주 오랜만에 전화해서 겨우 묻는 말이 행복하니?라니요. 순간적으로 대답이 나오질 않았어요. 오히려 친구가 대답하더라고요. 난 행복해, 누가 물어보면 나 자신 있게 행복하다고 대답할 수 있어. 그런데, 행복한데 그냥 지금 죽어도 괜찮을 것 같아. 난 뭐가 문제일까?

행복과 마음의 논리학

결국 며칠 뒤에 그 친구를 만났습니다. 오랜만에 만난 친구는 사회에서 그럴 듯하다는 소리를 들을 수 있는 어른이 되어 있었어요. 직장도 잘 다니고 가정도 꾸리고 집도 있고 아이들도 잘 자라는 중입니다. 친구의 삶은 모두 친구가 열심히 노력해서 이룬 것입니다. 물론 매일이 즐거운 것은 아니고 업무가 쉽지도 않습니다. 아이들 교육도, 노후도 걱정되고요. 히지만 이 정도면 잘 살고 있다고, 친구는 스스로 생각했습니다. 누구나 하는 걱정을 하면서 평범하게 살고 있다고요. 그런데 어느 날 갑자기 큰 사고를 당할 뻔합니다. 아슬아슬했던 그 절체절명의 순간에, 친구는 문득 생각했습니다. 아, 나 그냥 이대로 죽어도 괜찮을 것 같아.

왜? 난 열심히 살았는데. 나도 알고 너도 아는데. 난 행복한데. 왜? 난 뭐가 문제지? 친구는 슬픔과 무기력이 아니라 위화감과 의문을 들고 저를 찾아왔습니다. 너 책 쓰잖아, 네 책에 내 이야기 한번 써봐. 그 자리에서 우리는 별다른 이야기를 나누지 않았습니다. 그저 함께했던 과거의 기억을 추억하고, 그때의 우리처럼 웃고 떠들었을 뿐입니다. 친구가 친구에게 바라는 것은 생각보다는 마음일 것입니다. 그 마음과 함께 여기서는 제 개인적인 생각 대신 이 물음으로 철학이 할 수 있는 이야기를 풀어보려 합니다.

철학의 중요한 분과 중에 논리학이 있습니다. 모든 지식이나 주장은 말로 구성되어 있잖아요. 생각 역시 일종의 말(언어)이고요. 그 같은 생각의 말이 적절하게 연결되어 있는지, 그래서 말들의 묶음인 어떤 주장이 믿을 만한 것인지를 검토하는 것이 논리학입니다. 논리학의 일 중 하나는 논증 검토인데요. 논증이란 하나의 주장과 그 주장을 지지하는 하나 혹은 다수의 근거로 구성된 추론입니다. 말하자면 이유를 갖춘 주장이지요. 제 친구의 상황을 단순한 논증으로 재구성해보겠습니다.

근거 1) 나는 나에게 주어진 역할을 다 하고 있다.
근거 2 = 중간결론 1) 나는 열심히 살고 있다.
근거 3 = 중간결론 2) 나는 행복하다고 자신 있게 말할 수 있다.
최종 결론) 그러므로 나는 지금 죽어도 괜찮다.

어떠세요? 이야기의 연결이 약간 헐겁긴 한데 평소의 대화가 꼭 학문적인 요소를 다 갖추어야 하는 것은 아니고, 맥락에 따라 서로 공감하며 대화하는 것이니 '뭐 네가 그렇다면 그럴 수 있겠구나' 동조할 수도 있을 듯합니다. 결론인 '나는 지금 죽어도 괜찮다'는 말이 지금 이 삶이 끝나도 여한이 없을 만큼 최선을 다해 살았고, 만족하고 있다는 뜻이라면요.

그러나 친구의 결론은 그런 의미가 아니었습니다. 오히려 '이대로 죽는 것이 더 홀가분할 것 같았어'에 가깝지요. 번아웃이 오면 지금 사고가 나서 병원에 입원하면 출근을 안 할 테니까, 차라리 사고가 났으면 좋겠다고 바라기도 한다고 하잖아요. 그와 비슷한 상태인 셈이죠. 달리 표현하면 지금이 몹시 힘들다는 이야기입니다. 내가 나 자신에게 죽어도 괜찮다고 생각할 만큼 힘들다고 말하고 있는 거예요. 그런데도 문제가 없다니, 그럴 리가요. 이 사이 어딘가에 분명 문제가 있는 것이죠.

행복하다는 자신은 어디에서 올까

논리학은 일상의 말을 논증 형식으로 재구성할 때, 이런 숨은 의도나 숨겨진 말을 잘 찾으라고 알려줍니다. 우리가 일상에서 하는 말, 일상적으로 하는 생각에는 우리 자신도 미처 의식하지 못한 채 넘어가는 숨은 말들이 많습니다. 예를 들어 평소에 미묘하게 내 기분을 상하게 하던 사람이 '아니, 네가 기분 나쁘라고 하는 말이 아니야'로 말을 시작하며 제3자에게 들은 내 험담을 전할 때, 그 말은 겉으로는 '너의 기분을 상하게 할 의도가 없다'를 표방하지만 실제로는 상대를 기분 나쁘게 하려는 의도일 때가 많습니다. 이럴 때는 의도도, 결론도 숨겨진 상태라고 할 수 있겠죠.

친구의 생각을 다시 살펴봅니다. 나는 나에게 주어진 역할을 다 하고 있다. 엄마, 아내, 딸, 직장에서는 중간관리자… 네, 우리는 이 말이 진실임을 알고 있습니다. 나는 열심히 살고 있다. 역시 이 말도 진실이라는 것을 우리 모두 알고 있습니다. 그리고 근거 1과 중간결론(근거 2)은 밀접한 관련이 있어 보입니다. 열심히 산다고 스스로 믿을 뿐만 아니라, 행동을 통해 결론을 뒷받침하는 것이죠. 그리고 이로 인해 친구는 나는 행복하다고 자신 있게 말할 수 있다고 합니다. 그런데 진짜 최종 결론은 아까 살펴본 것처럼 '지금 몹시 힘들다'가 됩니다.

행복하다는 것은 만족한다는 뜻이거든요. 일반적으로 행복이란 감정적으로 흡족한 기분을 느끼는 것만이 아니라, 나의 삶이 적절하게 나아가고 있다/잘못되지 않았다는 자기 삶에 대한 가치 판단까지 결합한 것을 의미합니다. 결론에 비추어보면 아마 제 친구가 '나는 자신 있게 행복하다 말할 수 있다'고 하는 것은 지금 느끼는 만족감 때문이라기보다 자신의 삶에 대한 가치 판단 때문일 것입니다. '내 인생에 나에게 주어진 역할이 있는데, 내가 그것을 엄청나게 잘한다고까지는 못해도 그 역할에 모자람이 없도록 열심히 애쓰고 있습니다. 그것을 나 자신만이 아니라 타인도 알 수 있는 방식으로 어느 정도 입증하고 있고요. 직장도 다니고 가정도 어찌어찌 잘 굴러가고 아이들도 자라나고 있으니까요'라고 말이죠.

여기서 무엇보다 먼저 살펴보아야 할 것은 근거 1, 2, 3이 모여 최종 결론이 나올 수 있는지가 아니라, 근거 1, 2가 모여 근거 3(중간결론 2)이 나올 수 있는지입니다. 내 역할을 다하고 열심히 살고 있으면 나는 행복하다고, 심지어 '그냥 괜찮은 것 같아'도 아니고 '행복하다고 자신 있게' 말할 수 있게 될까요?

나 없는 내 인생, 이것이 보통의 삶

'나 자신에게 주어진 역할을 열심히 하고 있어서 자신 있게 행복하게 말할 수 있다'에서는 가장 중요한 것이 빠져 있습니다. 바로 '나 자신'입니다. 이 문장 속에서 '자신'은 두 번이나 등장합니다. 하지만 문장 뒤에 숨은 진짜 의미는 어떨까요? 주어진 역할은 말 그대로 나에게 기대되는 역할, 해야 할 일의 집합이지 나 자신이 아닙니다. 물론 그 또한 나 자신을 구성하는 요소들이지만 그것만으로 나의 전부라고 할 수는 없습니다. 엄마, 직장인, 딸, 기타 또 다른 요구되는 역할들을 다 합해도, 거기에 내 이름은 없습니다. 나 아닌 누구라도 엄마일 수 있고, 직장인일 수 있고, 누군가의 아내이고 또 누군가의 딸일 수 있으니까요. 그러므로 앞의 논증에 따르면 근거에 따라 행복하다고 주장할 수는 있지만, 그 안에 나 자신은 없기 때문에 그 행복은 공허합니다.

역할을 한다는 것은 그 역에 걸맞게 '해야 하는 것'을 수행한다는 의미이기도 하지요. 그래서 사회 속에서 어른이 된다는 것은 나 스스로가 나를 어른에 걸맞다고 평가하는지와 별개로, 나의 일상에 타인에 대한 그리고 타인을 위한 많은 의무를 무척 많이 포함하게 되는 것이기도 합니다. 배우자에 대한, 자녀에 대한, 직장 동료에 대한, 고객에 대한 여러 가지 의무들이요. 그 의무들이 모여 나의 하루하루, 나의 삶을 구성하는 것이지요. 그러다 보니 자기 자신은 없어지는 것 같은 기분이 듭니다.

물론 결과적으로는 나의 삶을 만들고 유지하기 위한 것이기도 하고, '나 자신'이 도대체 무엇이냐?고 물으면 이 또한 엄청난 철학적 논제가 되지만 그냥 단순하게 오늘 하루 나만을 위해 쓴 시간이 있었나?라고 물어보았을 때, 그 시간이 점차 줄어드는 것이 사회 속 어른의 삶이 아닐까 싶습니다. '다들 그렇게 살고 있잖아'라고 힘없이 스스로를 달래보지만 누구나 그렇게 산다고 해서 그것이 꼭 쉽다는 의미는 아닙니다. 보통의 삶은 결코 만만하지 않습니다. 내가 보통의 삶을 살고 있는지는 둘째치고, 무엇을 보통이라 생각하든 보통은 본래 어려운 거예요. 보통의 삶에는 보통의 의무들이 함께하기 때문이고, 그 의무는 나의 몸과 마음과 시간과 기력 등 많은 것을 요구하기 때문입니다.

자기 자신을 돌볼 의무

사실 보통이라는 것은 이상한 말입니다. 누구나 그렇다는데 막상 내 옆사람의 삶이 나와 똑같지는 않거든요. 내 삶이 보통이든 보통이 아니든, 혹은 보통 따위는 본래 없는 것이든 어찌 되었든 우리는 일단 세운 삶의 궤적을 쉽게 뒤틀지 못합니다. 이미 내가 선택해서 이만큼이나 걸어온 길이니까요. 이제와서는 어쩔 수 없을 것 같아요. 지금 생활을 빽빽하게 채운 타인에 대한 의무를 다 때려치우고, 어떤 의무들은 없는 셈 치고 살라고 하는 것은 말조차 쉽지 않습니다. 하지만 지금과 같은 보통의 삶을 유지하기 위해서라도 당신은 또 다른 의무에 눈을 뜰 필요가 있습니다. 어쩔 수 없는 것, 해야 하는 것에 포함되는 것은 나의 사회적 역할이나 타인에 대한 의무만이 아닙니다. 어쩔 수 없이 돌보아주어야 하는, 늘 돌봄이 필요한 존재에는 나 자신도 포함됩니다.

나는 나 자신에 대한, 나 자신을 위한 의무를 최소한 보통만큼이라도 하고 있을까요? 근대 독일 철학자 칸트의 논리에서 핵심은 사람을 사람답게 대우해야 한다는 것입니다. 이를 기준으로 '해야 하는' 행동을 하는 것이 좋은 행동입니다. 그래서 칸트는 행복이 아니라 의무를 중시하는 철학자로 알려집니다. 극단적인 예시로는 사람을 해치면서 행복을 느끼는 사람도 있을 테니까요.

의무에는 타인에 대한 의무도 있지만 나 자신에 대한 의무도 있습니다. 나에게는 나를 돌볼 의무도 있는 것이죠. 칸트는 『도덕형이상학(원론)』에서 자신에 대한 의무를 크게 두 가지로 구분합니다. 하나는 반드시 그렇게 해야 하는 의무입니다. 예외 없는 의무이기 때문에 이 의무를 행하지 않으면 도덕적으로 나쁜 일이 됩니다. 얼마나 잘 하는지는 이후의 문제이고, 일단은 꼭 해야 하는 거예요. 그래서 완전한 혹은 엄격한 의무라고도 부릅니다. 완전한 의무는 자신을 인격적으로 존중하며 대우하는 것, 그러므로 자신의 인격을 깎아내리고 짓밟는 행위는 하지 않는 것입니다.

쉽게 생각하면 타인의 인격을 모욕하며 갑질하거나 타인을 의도적으로 속이며 이기적으로 이용하면 안 되는 것처럼 자기 자신에 대해서도 그렇게 대할 수 있어야 합니다. 자신에 대한 자부심을 갖는 것이나 자존심이 높은 것과는 또 다른 이야기입니다. 스스로를 대하는 구체적인 행동을 살펴보세요. 쉴 시간도 없이 일을 시키고, 다른 사람도 할 수 있다는 이유로 혹은 더 잘하지 못한다는 이유로 지금까지 해온 수고들을 정당하게 평가하지 않으며 깎아내리고, 일상을 유지하기 위한 여러 의무에 치여 현재에 충분히 편안함과 만족감을 느끼지 못하는 것을 내가 부지런하지 못하다는 내 개인의 탓으로만 돌리고…. 이런 일을 타인에게 행한다면 그 사람은 나쁜 사람이라는 말을 듣겠지요. 나에게는 어떻습니까?

칸트는 이를 달리 말해 사람을 수단만이 아니라 목적 자체로 대하라고 합니다. 어떤 역할로서 나를 바라보는 일은 그 일을 잘 해내는 도구, 방법으로서 나를 바라보는 일입니다. 그 역할을 위해서 나 자신은 수단이 되는 것이죠. 물론 우리에게는 수단이 필요합니다. 목표만 성대하고 수단이 없으면 아무것도 이룰 수가 없잖아요. 나 자신이 있으려면 역할을 다하여 관계도 맺고 먹고는 살아야 내가 있을 수 있는 것처럼요. 그러나 나는 단지 그 역할들을 위한 수단일 뿐인가요? 나는 나로 살기 위해 다른 수단들을 추구하는 것입니다. 그러므로 나는 다른 모든 수단을 낳는 가장 궁극적인 목적입니다. 내 삶 자체가 목적입니다. 당신이 수단으로서의 역할을 잘하지 못해도, 당신이 그다지 행복하지 않아도 당신은 이미 당신 목적으로서 이렇게 존재하고 수많은 이야기를 그려왔습니다. 나 자신을 그런 존재로 대해주고 있나요?

행복한데 죽고 싶다고요? 그럼요, 그럴 수 있지요. 당신은 행복이 당신의 전부가 아니라는 사실을 잊고 있기 때문입니다. 행복은 행복이지 바로 당신이 될 수는 없습니다.

칭찬해, 너 자신을 위한 일을

칸트가 제시하는 또 다른 의무는 안 한다고 나쁜 사람이 되는 것은 아니지만, '인간답게 잘 살려면 이렇게 해야 한다'고 권유하는 의무입니다. 하지 않는다고 꼭 인격적 대우가 아니라고 할 수는 없지만, 가능하면 하는 쪽이 더 좋고 나를 더욱 사람처럼, 곧 인격적으로 대하는 것이지요. 칸트는 이를 두고 '칭찬받을 만하다'고 표현합니다. 안 하면 나쁜 사람이 되는 것도 아닌데 그런 행동을 하며 '자신의 사람다움을 갈고 닦으니 얼마나 기특한고!'라고 해석하면 너무 예스러운가요. 말하자면, 이런 행동을 하면 '잘한다 잘한다 잘한다!'라고 자신에게 이야기해줄 만한 것이지요.

대표적인 것이 내가 가진 소질 및 재능을 계발하는 일입니다. 어떤 방식으로 얼마나 하면 좋을지는 따로 정해져 있지 않고, 그 자신에게 달려 있습니다. 그래서 불완전한 의무 혹은 느슨한 의무라고 부르기도 합니다. 느슨하지만 의무입니다. 당신을 인격적으로 대우하기 위해 해야 하는 일인 것이죠. 당신은 어떤 소질과 재능을 지닌 혹은 어떤 소질을 계발하고 싶어 하는 사람이었나요? 좋아하는 것, 좋아했던 것, 좋아할 수도 있는 것을 떠올리거나 시도해보는 시간을 우리는 나의 삶에 아주 약간이라도 허용하고 있을까요?

그리고 이런 일을 하다 보면 자연스럽게 기분도 좋아지겠죠. 의무에 뒤따라서 행복이 올 가능성을, 그리고 우리가 행복해지는 일을 해도 되는 가능성을 칸트는 이미 의무에 포함하고 있습니다. 당신이 기분 좋아지는 일을 해도 좋습니다. 타인뿐만 아니라, 자기 역시 행복하게 해줘도 좋아요. 어른이라고 해서, 수많은 의무가 있다고 해서 자신을 늘 뒷전으로만 해서는 안 됩니다. 자신을 돌보는 일, 자신의 행복을 스스로 음미할 수 있는 일 역시 내 삶의 의무 중 하나입니다. 타인에 대한 의무만큼이나 중요한 것이 나에 대한 의무입니다. 내가 스스로를 인격적으로 잘 대해주지 않으면서 타인에게'만' 인격적으로 잘 대하려 하는 일은 가능하지 않습니다. 내 자신을 인격적으로 대하지 않을 때 우리는 점차 누군가를 인격적으로 대한다는 것이 어떤 것인지에 대해 무감해지기 때문입니다.

문제가 많아도 괜찮아, '자신' 있다면

당신은 당신의 삶을 의미 있고 가치 있게 만들기 위해 지금까지 아주 많은 것들을 해야 했고, 해왔습니다. 내 삶에 문제가 없다고요, 과연 문제가 없을까요. 아무래도 지금처럼 계속 살아살 수는 없을 것 같은데요?

괜찮아요, 문제가 있어도 괜찮습니다. 문제가 아주 많아도 괜찮아요. 그것을 인정한다고 해서 지금까지의 삶, 그리고 지금을 살아내는 나의 하루하루를 부정하게 되는 것이 아닙니다. 필연적으로 '더 열심히' 살아야 한다는 결론이 나오는 것도 아닙니다. 오히려 너무 열심히 살아서 문제일 수도 있지요. 또한 문제가 있다고 해서 현재의 내 삶에 좋은 일 따위는 하나도 없다고, 나는 내게 지금 주어진 그 어떤 것에도 감사하지 않는다고 말하는 것도 아닙니다. 괜찮아요. 문제 있을 수 있지요, 아쉬울 것 없지만 죽고 싶을 수도 있고요. 그게 무슨 큰 흉이라고요.

'문제'라는 말의 의미는 고작 '물음표를 붙인 무엇'일 뿐입니다. 우리가 인생에서 만나는 모든 문제를 다 풀어야 한다는 법은 없습니다. 오늘 왜 날씨가 좋지?라는 물음에 꼭 대답해야 할 필요는 없고, 나는 왜 여진히 네가 어여쁠까?라는 물음에 꼭 대답을 찾을 필요가 없으며 어쩌면 아예 대답이 필요 없는 것처럼요.

다만 어떤 물음은 내 삶 속에서 나를 돌보아야 할 의무를 촉구하기 위해 찾아오는 물음일 수 있습니다. 행복한데 왜? 문제가 없는데 왜? 나의 문제는 어쩌면 내 일상을 지탱하는 그 수많은 의무 속에 나 자신을 돌보는 의무를 포함하지 않아서일 수도 있어요. 그러니까 우리가 정말로 '자신있게' 행복하다고 말하고 싶다면, 먼저 우리 자신을 돌보는 의무를 우리의 일상 속에 포함해주어야 합니다.

공허한 행복을 채우는 것은 자기 자신을 돌보는 수고를 동반합니다. 당신을 당신으로서 살리고, 다른 사람의 삶에 기여할 수 있도록, 자기 삶의 기쁨을 공허하지 않게 느낄 수 있도록 당신 자신을 돌볼 에너지를 당신의 일상 중에 아주 조금이라도 남겨주기를 간절히 바랍니다.

18

무엇을 위해 살고 있나요?

with 소크라테스와 철학자들

#의욕상실 #동기부여 #무엇을위해사는걸까 #삶의목적
#아리스토텔레스&공자 #행복 #사랑 #너자신을알라 #소크라테스
#영혼을돌본다는것 #질문하는삶

하나도 모른다고 생각될 때는 의외로 '희망'이 가까운 친구였습니다. 어디로 가면 좋을지, 어떻게 하면 좋을지, 무엇부터 시작해야 할지 하나도 몰라서 좌절하기도 하지만 앞으로 더 배우고 익숙해지면 나아질 것이라는 기대가 있었거든요. 열심히 하면 더 알게 되겠지? 열심히 하다 보면 더 잘하게 되겠지? 하는 기대요. 그래서 열심히, 뭐가 열심히인지는 잘 몰라도 어쨌든 애를 쓰면서 살아왔습니다. 덕분에 성취감도 느낄 수 있었고요.

하지만 어느 순간부터 성취감도 희망도 멀어지더라고요. 오히려 성취감을 느껴보니, 더 큰 것을 원하게 되고 처음에 무엇인가에 도전할 때만큼 성취감을 쉽게 혹은 자주 느끼기 어려워졌습니다. 그러다 보니 뭘 하고 싶다는 마음조차 잘 생겨나지 않습니다. 인생의 이런 시기에는 어떻게 해야 적극적인 동기부여가 될까요?

의외로 변화가 없더라

삶이 뭔지 잘 모르겠지만 그래도 하나씩 알아가다 보면 조금씩 알게 될 수 있을 거라고 믿었습니다. 밥 한술에 배부를 수 없으니 하나씩 쌓아가는 것이라고 생각했지요. 그러나 어느 순간 소위 '슬럼프'라 부르는 것이 찾아왔습니다. 예전에는 재미있던 것이 재미가 없어지고, 하고 싶어서 열심히 해도 모자를 마당에 하고 싶은 마음도 떨어졌고요. 왜 그런지 생각해보니 성취감이 직접적으로, 이전보다 크게 느껴지지 않았기 때문이었습니다. 마치 게임에서 경험치를 쌓으면 캐릭터의 레벨이 올라가듯이, 나의 삶이나 나의 성취감도 그럴 줄 알았는데 그렇지 않더라고요.

특히 나에게는 너무 어렵고 고되고 많은 시간과 수고를 필요로 하는 일이었는데, 그 일이 성취되고 난 이후에 성취감은커녕 오히려 허탈한 마음이 더 클 때가 있었지요. 한 가지 목표를 이루는 것 혹은 한 가지 과제를 해내는 것이 내 삶을 크게 변화시킨다는 뜻은 아니더라고요. 그 사실을 잘 모르고, 내 인생이 A를 하면 딱 A만큼의 혹은 A 플러스 알파만큼 더 변화하고 성장할 것이라고 기대했던 것 같습니다. 어렸을 적에는 실제로 그렇기도 했고요. 덧셈, 뺄셈만 하다가 구구단을 외우게 되면, 곱셈과 나눗셈이라는 더 복잡한 계산을 할 수 있잖아요.

그러나 어른이 되고 보니 무엇인가를 해내면 해낼수록 오히려 새롭게 잘해내야만 하는 과제가 늘어나는 것 같습니다. 게다가 많이 했다고 일이 쉬워지는 것도 아니고요. 어떻게 익숙해졌다 한들, 또다시 어려운 일이 새로 등장합니다, 책임져야 할 것은 점점 더 많아지고요. 처음에는 하나의 목표, 눈앞의 목표만 생각하면 됐는데 이제는 그렇게 생각하는 일이 불가능해지는 것이죠. 목표를 이뤄도 고민하고 애써야 하는 것이 줄어들기는 커녕 늘어나니까요. 이제는 '열심히 하면 잘될 거야', '어제보다는 오늘이, 오늘보다는 내일이 나을 거야'라고 막연하고 단순하게 생각할 수 없는 단계에 들어선 것이겠죠?

목표보다 중요한, 인생의 목적

그렇다면 그 같은 고민은 '어떻게 의욕을 되살릴까? 어떻게 다시 도전하고 성취할 수 있는 힘을 기를까?'에 초점을 맞추어 답을 찾으려 하기보다, 단기적 목표나 성취감 이외에 다른 것을 생각할 때라는 신호로 읽어야 할 것입니다. 좀 크고 넓게 보아야 할 때가 온 것이죠. 하나하나의 목표와 성취 말고, 나의 삶 전체를 생각해봅시다. 이 모든 목표는 무엇을 향한 것일까요? 우리 인생의 종은 무엇을 위해 울리나요?

고대 그리스 철학자 아리스토텔레스는 우리 삶의 작은 목표를 계속 따라가다 보면 결국 인생의 궁극 목적인 행복에 도달한다고 말합니다. 왜 성적을 잘 받고 싶어 하는가? 왜 그 사람과 만나고 싶어 하는가? 왜 관심받고 싶은가? 왜 업무를 잘하고 싶은가? 사람마다 구체적인 목표와 성취 기준은 저마다 다르지만 왜?를 계속 묻다 보면 '행복하고 싶어서'라는 답변에 도착하게 된다고요.

그러니 우리가 어떤 목표를 세울 때 우리의 등을 밀어주는 궁극적 동기는 인생의 행복인 셈입니다. 이렇게 생각하면 내가 지금 의욕이 없고 어떤 목표를 세우면 좋을지 혼란스럽다는 것은 어쩌면 나의 지금 이 상태, 내가 지금 걷고 있는 이 길, 나의 단기 혹은 중장기 목표가 인생의 궁극 목적인 행복에 부합하지 않는다는 신호일 수도 있지요. 행복한데, 충분히 만족스러운데 의욕이 없고 무얼 향해 살아야 하는지 잘 보이지 않는 일은 없을 것 같거든요.

행복은 언제나 미완결이다, 아리스토텔레스

하지만 아리스토텔레스의 행복론은 조금 특이합니다. 아리스토텔레스에게 행복은 우리가 현재 느끼는 만족스러운 감정이 아니거든요. 지금 느끼는 기쁨, 즐거움, 흥미진진함, 설렘… 이런 것은 아리스토텔레스의 행복에 크게 중요한 요소가 아닙니다. 순간의 감정은 얼마든지 오르락내리락할 수 있으니까요. 우리에게 필요한 것은 순간의 만족이 아니라 연속적인 인생 전체에 대한 만족감입니다. 인생은 숏폼 콘텐츠가 아니라 장대한 연속극이기 때문입니다.

그래서 아리스토텔레스는 행복을 고대 그리스어 '에우다이모니아eudaimonia'라고 부릅니다. 그 말의 뜻은 순간의 만족감, 즐거움이 아닌 지극히 복된 삶에 더 가깝습니다. 행복은 자신의 삶 전반에 대한 긍정적 평가와 그에 대한 확신입니다. 오, 나 정말 잘 살았네!라는 생각이 드는 거예요. 어쩌면 우리가 찾는 인생의 목적지가 바로 이것 아닐까요? 지금 우리는 내가 잘 살고 있는지 대답하기가 어려워서 힘든 거잖아요.

재미있는 사실은 이 같은 행복을 위해서는 개별 목표와 성취, 지금의 만족감에 따라 자신을 평가하지 않아야 한다는 것입니다. 전반적인 만족감을 위해서는 순간적인 만족감을 오히려 포기할 줄도 알아야 하는 것이죠. 제비 한 마리가 왔다고 봄이 왔다는 뜻이 아닌 것처럼, 한 번의 성취, 한순간의 만족으로는 전체적인 좋은 삶을 만들 수 없으니까요. 그래서 아리스토텔레스는 외적 성취와 그에 따른 만족을 지나치게 중요한 것으로 간주하는 태도를 경계합니다. 눈에 보이는 것에만 집중하면 삶 전반의 균형을 잃기 쉽고, 그것 역시 개별적이고 일시적인 성취이지 인생 전체의 만족을 보장하지는 않거든요.

게다가 그런 성취는 유전, 집안 환경, 사회적 수요 등 자신이 전부 어쩔 수 없는 운에 달린 것이기도 합니다. 그래서 아리스토텔레스는 그런 것에만 집중하게 부추기는 사회를 비판하며, 불평등한 운을 보정하고 다양한 기회를 제공하는 사회 시스템이 필요하다고 제안합니다.

그러니까 지금 행복을 느끼지 않는다고 해서 내가 이상하거나 잘못 살고 있는 것은 아닙니다. 나만의 개인적인 문제도 아니고요. 아리스토텔레스식으로 하면 우리의 행복은 항상 공사가

진행 중인 건축물 같은 것이고, 우리에게 정말 중요한 것은 이 길고 긴 이야기의 끝에 나 자신의 삶을 어떻게 느끼는지입니다.

나 좀 사랑해줄래, 공자님 말씀

그러나 인생 전체가 만족스러웠다, 잘 살았다는 그 자기 평가와 확신이야말로 어려운 것이지요. 그건 나중에 묘비를 세울 때에야 알 수 있는 것 아닐까요? 아리스토텔레스는 사람으로 태어났으니 사람의 특성, 곧 '사람다움'을 균형 있게 발휘하며 사는 삶을 살면 된다고 합니다. 그런데 사람으로 태어났으니 사람답게 사는 것이 중요하다고 하는 것은 동양철학인 유학에서도 마찬가지입니다. 유학에서 인생의 궁극 목적은 좋은 사람, 사람다운 사람이 되는 것이지요.

사람다운 사람이 되기 위해서 가장 중요한 것으로 공자는 '인'을 강조합니다. 유학의 주요 가치인 '인의예지신'을 말할 때도 제일 앞에 오는 것이 '인'이잖아요. '인'을 우리는 '어질 인'이라고 읽습니다. 국립국어원에 따르면 '어질다'는 형용사로 '마음이 너그럽고 착하며 슬기롭고 덕이 높다'는 뜻입니다. 너무 어렵지 않나요? 이런 사람은 영영 될 수 없을 것만 같습니다. 그러나 공자님은 어진 분이라, 도저히 될 수 없는 것을 되게 하는 것이 우리 인생의 궁극 목적이라고 하지 않습니다. 공자는 '인'을 사람을 사랑하라는 말로 풀이합니다.

하지만 사랑도 어렵잖아요. 아니, 사랑이 제일 어려운 것 같은데요. 모든 것이 너무 어려운 우리를 위해 공자는 사랑의 실천법을 더욱 쉽게 알려줍니다. 해야 할 것과 하지 말아야 할 것에 대한 두 가지 원칙으로요. 사랑을 위해 우리가 해야 하는 가장 중요한 것은 '충忠'으로, 내가 하고 싶은 것이 있다면 상대가 먼저 하게 해주는 태도입니다. 내가 밥 먹을 때 상대에게 먼저 밥을 권하는 것과 같은 거죠. 한편 하지 말아야 할 것은 '서恕'의 원칙으로 이야기됩니다. 내가 겪기 싫고 꺼리는 일이 있다면 상대에게도 그런 일을 하지 않는 태도입니다. 생각보다 쉽지요?

공자는 거기에 덧붙여, 좋아하는 것을 해주는 것보다 싫어하는 일을 하지 않는 것이 더 우선되어야 한다는 힌트까지 얹어줍니다. 내가 좋아하는 일을 권하는 것은 자칫 자기 기준을 상대에게 강요하는 일이 될 수 있거든요. 자기만 좋아하고 상대는 좋아하지 않는 것을 권유하면서, 내가 널 위해 이것까지 해줬는데! 왜 돌아오는 게 없지? 하는 잘못된 보상심리를 우리는 종종 목격합니다. 그런 것은 내 마음이 아무리 뜨거워도 사랑의 실천이 될 수 없습니다. 대신 사람들이 싫어하는 일은 큰 공통점을 가지고 있습니다. 굶주림이나 전쟁 등으로 목숨이 위태로운 상태, 무시하고 깔보며 억압하며 인간다운 존중을 보이지 않는 경우가 그렇지요. 그렇게 생각하면 하지 말아야 할 것을 하지 않는 사랑이란 모든 사람이 사람으로 살아가기 위한 최소한의 토대를 마련하는 일이기도 합니다. 굶주리거나 전쟁으로 죽어가지 않는 세계, 인종이나 성별, 재산, 학력 등으로 차별당하지 않는 사회를 만드는 일이요.

그래서 공자의 사랑은 좋은 세계를 만드는 일까지, 그 범위가 무척 넓어지지만 그렇다고 나를 뒷전으로 두라는 말은 아닙니다. '인'은 명확히 '다른' 사람을 사랑하라고 그 대상을 찍어주지만, 생각해보면 그 사랑은 나로부터 비롯됩니다. 사랑의 두 가지 원칙은 모두 '내가 좋아하는', '내가 꺼려하는'과 같이 내가 기준이 되니까요. 내가 없으면 내 사랑도 없는 거예요. 공자는 내 몸을 돌보듯이 타인을 사랑하라고 합니다. 나에게 가장 가까운 것이 나의 몸이기도 하고, 남의 큰 병보다 내 손톱 밑의 가시가 더 신경 쓰인다는 말처럼 우리는 사실 나의 몸의 작은 불편함과 안락함에 무척 민감하게 반응하게 되거든요. 그만큼 가깝고, 조금의 변화에도 섬세하게 반응하는 것이 사랑이라는 말이겠지요.

그런데 만일 내가 나 자신에 대해 신경 쓰지 않는다면 어떨까요? 내가 무엇을 좋아하고 싫어하는지에도 관심이 없고, 평소에도 내 몸은 전혀 돌보지 않는다면요. 나에서 출발해 다른 사람에게 다가가야 하는데, 내가 나에게 관심이 없고 나를 아끼지 않는다면 다른 사람에게도 어떻게 대하면 좋을지 갈피를 잡을 수가 없겠지요. 그러므로 우리는 다른 사람을, 세계를 사랑하기 위해서라도 나 자신을 사랑하는 일이 필요합니다.

네 영혼을 돌보라, 소크라테스

그런데 나를 어떻게 아껴주면 좋을까요? 그리고 내가 나를 아끼는 일이 인생에서 그 무엇보다 근본적으로 추구해야 할 목적이 될 수 있을까요? 나를 아끼는 일은 정의, 세계평화, 그런 것들에 비해 너무 작게 느껴지는데요.

소크라테스는 나를 아끼는 삶이란 나 자신을 아는 삶이라고 이야기합니다. 우리에게 소크라테스 본인이 한 말로 잘 알려진 '너 자신을 알라'는 원래 아테네 델포이 신전의 현판에서 유래한 격언입니다. 소크라테스가 직접 만들어낸 말이 아닌 것이지요. 신의 목소리를 들으러 가는 신전의 현판에 '너 자신을 알라'는 말이 붙어 있다고 생각하면 어쩐지 마음이 조금 움츠러듭니다. 사람 마음을 뜨끔하게 하는 엄중한 경고 같거든요. 네가 감히, 네 주제를 알고 오만함을 버리지 못할까! 신 앞에서 겸허한 태도를 갖추어라! 같은 느낌이지요.

그러나 소크라테스는 이 말을 인간의 오만함에 대한 경고 대신 자신의 영혼을 살피고 돌보라는 말로 해석합니다. 그러므로 나를 안다는 것은 내 영혼 곧, 나의 마음을 살펴보고 돌보는 일입니다. 죽음을 앞둔 소크라테스가 자신에게 부당한 판결을 내린 아테네 공동체에 남긴 말 역시 영혼의 돌봄에 관한 것입니다. 당신들은 지금 돈을 벌고 명예와 지위를 높이는 일만 신경 쓰고, 진정으로 좋은 삶이 무엇인지, 진정으로 좋은 삶을 위해 자신의 마음에 무엇이 필요한지 주의를 기울이지 않고 있다고요.

그러므로 나의 영혼을 살피고 돌본다는 것은 내가 진짜 잘 살기 위해 나의 삶에 그만큼 관심을 갖고, 진짜 잘 사는 일이 무엇인지, 나는 지금 그렇게 살고 있는지, 나의 살아감에 대해 스스로 생각하고 그 과정에서 나의 마음이 제기하는 의문과 의혹을 회피하지 않고 마주하며 생각하는 일입니다. 진짜 '힐링'이란 이런 것입니다. 내 마음의 소리를 외면하고, 달아나지 않고 내 마음을 진실하고 성실하게 마주 보는 일이요.

정말로 좋은 삶을 향해 온 관심을 다 기울이지 않으면 내 몸과 마음, 생각이 정말 좋은 것으로 향하고, 만들고, 채워지는 일은 가능하지 않으니까요. 세계평화와 정의가 아무리 중하다 해도 우리가 그것은 뭘까? 어떻게 하지? 왜 힘들까? 좀 더 나은 방법은 없을까? 등을 깊이 생각하고 마음 쓰지 않으면 그 가치는 공허한 말이나 왜곡된 무언가가 되는 것처럼요. 그러니 말 그대로 꾸준히 돌볼 수밖에 없는 것이지요. 어쩌다 한 번, 가끔 문득, 무슨 일이 생기면 그제야 살피는 것이 아니라요.

소크라테스는 아테네의 젊은이들과 자유롭게 대화를 나누며 그들이 자신의 영혼을 돌보도록 도왔습니다. 그러나 그런 모습은 기존의 질서를 그대로 유지하고 싶어 하는 사람들에게는 위협적인 것이었습니다. 진정으로 좋은 삶을 생각하며 자신의 마음에 귀를 기울이는 사람은 기존의 질서를 뛰어넘는 일도 꺼려하지 않았기 때문입니다. 이것이 못마땅했던 아테네 사회는 소크라테스가 청년 세대를 반사회적으로 만든다며 사형을 선고합니다. 소크라테스는 얼마든지 도망칠 수 있었는데도 도망치지 않고 그대로 감옥에서 죽음을 맞이합니다. 당시 아테네의 사형 선고는 그 선고를 통해 선고받은 사람을 공동체의 일원에서 제외시키기 위한 것이었습니다. 그래서 실제로 사람의 목숨을 앗아가는 사형의 집행이 크게 중요한 것은 아니었죠. 일종의 정치적 숙청입니다. 그래서 소크라테스만이 아니라 여러 사람이 사형 선고를 받았고, 이들은 대개 외국으로 몸을 피하는 망명을 택했습니다. 그런 선택이 특별히 의아하거나 부끄러운 일도 아니었고요.

그러나 소크라테스는 끝내 탈옥 없이 죽음을 택했습니다. 소크라테스에게 중요한 것은 언제 어떻게 죽는지가 아니었기 때문입니다. 무엇을 위해 살았는지가 중요하고, 말만 앞서는 것이 아니라 실제로 그렇게 살았는지가 중요했지요. 말 그대로, 인생의 방향과 실천, 그 전체의 모습이 중요했습니다. 소크라테스는 단지 자신에게 내려진 판결을 수용한 것이 아닙니다. 그는 삶에서 진정 중요한 것에 관심이 없고, 그리하여 정의롭지 않은 판결을 내리는 일에 부끄러움이 없었던 사람들 앞에서 끝까지 자신의 삶을 추구한 것입니다. 죽음도 두려워하지 않을 만큼 가치 있는 인생의 목적을 직접 보여준 것이지요. 여론보다, 법보다, 전통보다 소중한 것을요.

당신이 언제나 안녕하기를 바라며

그래서 소크라테스는 '성찰하지 않는 삶은 가치가 없다'고까지 이야기합니다. 여기서 성찰은 그냥 주구장창 꼬리에 꼬리를 물고 생각만 계속하라는 것이 아닙니다. 자신이 믿고, 바라고, 행동하고, 판단하고, 느낀 그 모든 내용이 정말 그럴 만한 것인지를 잘 검토하고 헤아려보라는 의미입니다. 그렇게 하면서 정말 잘 사는 삶에 도움이 되는 것은 남기고, 더 강화하기도 하고, 그렇지 않은 것은 깨끗하게 작별하거나 정말 잘 사는 삶에 도움이 되도록 바꾸는 것이죠. 잘 사는 삶에 대해 내가 크게 오해했다면 아주 크게 방향을 틀기도 하면서요. 그래서 소크라테스가 권하는 성찰은 마음의 반성이기도 하지만 조금씩 다르게 움직이는 행동이며 실천이기도 합니다.

하지만 소크라테스의 단언은 너무 엄격하게 느껴지기도 합니다. 물론 소크라테스가 말하는 것은 완벽하게 하라는 것이 아니라 정말 중요한 것을 잊지 말라는 이야기에 더 가깝지만요. 우리는 대신 이렇게 바꾸어 말하면 어떨까요? 내가 늘 안녕하기를 바라는 것이 내 삶의 가장 궁극적인 목적이고, 진실로 내가 안녕하기를 바란다면 나는 늘 스스로 질문할 수밖에 없다고요.

과연 내가 잘 사는 건가?라고 묻는다는 것은 결국 우리가 이미 알고 있다는 뜻이거든요. 삶에서 중요한 것은 하나의 목표도, 쉼 없는 성취도, 뜨거운 노력도 아니라 그 모든 것이 향하는 '좋은 삶'이라는 것을요. 그래서 더욱 질문이 필요한 것 같아요. 잘 생각해보면 하나에만 꽂혀 있을 때는 질문이 없습니다. 이미 정해져 있으니까 계속 돌진할 뿐이지요. 그러나 인생은 하나의 일로만 채워져 있지 않습니다. 그러니까 속이 잠잠하고 고민이 없는 시간은 두 가지 의미일 수 있어요. 정말로 잘 살고 있거나, 특정 목표 혹은 미션에 바빠 나의 삶 전체를 돌보지는 못하고 있거나.

나는 내 삶이 어렵고 괴로워도 내 삶에서 나를 치우기를 바라지는 않습니다. 가끔은 정말 그런 기분이 들지만, 그렇게 느끼는 까닭은 지금의 내 삶이 달라지고 나아지기를 바라기 때문입니다. 나는 어렵고 괴로운 상태를 겪는 일이 싫은 것이지 아무것도 느끼지 않기를 바라는 것은 아니거든요. 예를 들어 내가 지금 행복을 느끼고 있다면 과연 이 행복에서 나를 제거하기를 바랄까요? 그렇지는 않습니다. 그렇다면 그것은 더 이상 '나의' 행복은 될 수 없으니까요. 나로 살면서 계속해서 내가 한쪽으로 치워진 무대 세트처럼 살기를 바랄 수는 없습니다. 나는 내 삶을 나의 것으로 느끼고 싶고, 내 삶을 내 것으로 느끼며 사는 내가 안녕하기를 바랍니다.

질문하는 삶, 부디 내게 물어주세요

그러니 부디 안녕한 나의 삶을 위해 자주 묻고 대화하며 살피고 돌보아주세요, 나의 영혼을요. 습관이 된 생각 뭉치를 반사적으로 잇고 잇는 것이 아니라, 그런 습관을 잠시 멈추고 가만히 서서 마음을 기울여주세요. 진심으로 관심을 갖고 나에게 묻고 또 듣고, 그러면서 정말로 생생한 '생각'을 해주세요. 아끼고 사랑하는 존재에게 안부를 묻고 대화하듯이요.

진짜 사랑하면 상대의 사소한 말조차 그냥 지나치지 않고, 그 말에 대해 어떻게 하면 좋을지를 찬찬히 생각하고, 그에 따라 행동하고, 다시 그 행동이 처음에 의도에 부합했는지 또 생각하며 상대의 의견을 구하잖아요. 그렇게 나와 말 걸고, 대화를 나눠주세요. 물론 때로는 철학자의 이야기에 귀를 기울이듯, 다른 사람의 이야기에 귀를 기울이는 일도 필요하겠지요. 나와 함께 생각한다는 것이 처음의 나에게만 갇히는 일은 아니니까요.

나는 잘 살고 있나요? 가장 소중한 나의 삶을 그만큼 돌보고 생각하고 있을까요? 어쩌면 우리에게 가장 필요한 것은 언제라도 흔들릴 수 있는 순간의 확답보다 진실한 물음과 대화의 시간, 돌봄의 태도인 것 같습니다. 언제나 당신이 안녕하기를 바랍니다.

감사의 말

이 책을 위해 자신의 귀한 고민을 직접 공유해준 소중한 친구들에게 특히 커다란 감사를 전합니다. 또한 이 책의 첫 아이디어와 여러 물음을 제안하며 함께 생각해주신 길벗출판사의 담당 편집팀, 그리고 원고 아이디어, 구성, 초고 검독까지 이 글의 여정을 함께 해준 소중한 유미, 준행, 두호, 경호에게 깊이 감사합니다.

인생에 한 번은 나를 위해 철학할 것

초판 1쇄 발행 · 2022년 8월 15일
초판 3쇄 발행 · 2023년 1월 10일

지은이 · 허유선
발행인 · 이종원
발행처 · (주) 도서출판 길벗
브랜드 · 더퀘스트
주소 · 서울시 마포구 월드컵로 10길 56 (서교동)
대표전화 · 02) 332-0931 | **팩스** · 02) 322-0586
출판사 등록일 · 1990년 12월 24일
홈페이지 · www.gilbut.co.kr | **이메일** · gilbut@gilbut.co.kr

기획 및 편집 · 이지현(lee@gilbut.co.kr)
마케팅 · 정경원, 김도현, 김진영, 장세진, 이승기 | **영업관리** · 김명자 | **독자지원** · 윤정아
제작 · 이준호, 손일순, 이진혁

디자인 · studio forb | **교정교열** · 허유진 | **CTP 출력 및 인쇄** · 예림인쇄 | **제본** · 예림바인딩

ISBN 979-11-407-0077-6 03100
(길벗 도서번호 070458)

정가 16,500원

독자의 1초까지 아껴주는 길벗출판사

(주)도서출판 길벗 | IT교육서, IT단행본, 경제경영서, 어학&실용서, 인문교양서, 자녀교육서 www.gilbut.co.kr
길벗스쿨 | 국어학습, 수학학습, 어린이교양, 주니어 어학학습, 학습단행본 www.gilbutschool.co.kr